„Zwischen den Zeilen liegt das Verborgene,

zwischen den Zeilen verbirgt sich so viel mehr."

Ulrike Michaela Böttcher

Die Urheberrechte verbleiben bei der Autorin.

Die Umschlaggestaltung erfolgte durch Ulrike Michaela Böttcher, die kreative Umsetzung durch DAnalden.

Fotos: Ulrike Michaela Böttcher

        Sophia Stricker

Texte: Ulrike Michaela Böttcher

Herstellung und Verlag:

BoD- Books on Demand Norderstedt

Bibliografische Informationen

Der Deutschen Nationalbibliothek

Die Deutsche Nationalbibliothek verzeichnet dies Publikation in der Deutschen Nationalbibliothek, detaillierte bibliografische Daten sind im Internet über: http//dnb.dnb.de abrufbar.

ISBN 9783755716600

Über mich...

Mein Name ist Ulrike Michaela Böttcher. Geboren wurde ich, am 19.10.1967, als Ulrike Michaela Scheer, in Burg, bei Magdeburg. Mein Leben, aufgewachsen in einer Großfamilie, war gheprägt von Geborgenheit, Zuwendung, Versorgung, Regeln, Ängsten, Zuversicht, Verlässlichkeit, Werten.

Unspektakulär verlief es, bis zu jenem Zeitpunkt, kurz vor meinem 50. Geburtstag, an dem mich eine tiefe Lebenskrise hinaus katapultierte, aus meiner Komfortzone, hinaus aus meinem kleinen, begrenzten Leben. An diesem Wendepunkt, alles stand buchstäblich Kopf, fasste ich einen Entschluss. Um meinen Themen auf die Schliche zu kommen beschloss ich, mein Leben radikal zu verändern. Ich beschloss, mich meinen Themen zu widmen, näher hinzuschauen, und ich beschloss, zu fasten. Ich verspürte den Wunsch dazu. Er kam tief aus meinem Innern. Ich wollte ergründen, wozu ich bereit war, wieviel ich ertragen konnte. Wieviel Schmerz, Wut und Trauer in mir waren.

Es taten sich Welten auf, Dinge kamen ans Licht, aus den dunkelsten Tiefen meines Selbst, von denen ich dachte, die gäbe es nicht in meinem Leben. Wow... interessant, was sich da zeigte. Ich stellte mich meinen Themen und vieles erschien mir in einem anderen Licht. Heute weiß ich, dass es noch lange benötigt, um aller Themen habhaft zu werden. Eines erfeute mich sehr und brachte mein Herz zum Singen. Ich entdeckte ein Talent, eine Gabe, die mir zu eigen war. Ich entdeckte, dass ich über das Schreiben mit mir in Kontakt kommen kann, dass ich mein Herz öffnen kann und Dinge wahr nehme, die vorher im Verborgenen lagen.

Ich lade dich jetzt ein, in die nächsten Seiten einzutauchen. Nimm dir Zeit, für dich, fühle dich, nimm wahr, nimm an, ziehe deine Grenzen, schüttel den Kopf, über das Gelesene, leg das Buch beiseite, nimm es wieder auf, lache herzhaft, schwelge in deinen Erinnerungen, weine, schreie, schmeiß Feudel in die Ecke... gebir dein neues Leben, so du bereit dazu bist. Sei mutig und vertraue dir!

Tu einfach alles, was dir jetzt, in diesem Moment, gut tut. Und vergiss nicht, vor dem Lesen, sanft über den Buchrücken zu streichen. So kannst du deine Energie in die richtige Richtung lenken. Betrachte es von allen Seiten. Lass dieses Buch dir Anker sein, Begleiter und Geführte, ein Schlüssel, zu deinem Innern, deinem Herzen. Alles kann, nichts muss. Du entscheidest, zu jedem Zeitpunkt. Lass dich sanft anstoßen, bewusster das wahr zunehmen, was dich in deinem Innern bewegt.

...von Herzen, Ulrike

leben heißt, Liebe
leben heißt, Zuversicht
leben heißt, Mut
leben heißt, atmen
leben heißt, Vertrauen
leben heißt, Verlässlichkeit
leben heißt, zulassen
leben heißt, umarmen
leben heißt, fühlen
leben heißt, Grenzen ziehen
leben heißt, Präsenz
leben heißt, bewusst- sein
leben heißt, träumen
leben heißt, wünschen
leben heißt, Glück
leben heißt, lieben
wahrhaftig
leben heißt, Annahme
dessen
was ist
leben heißt, ja sagen
in erster Linie zu mir, zu meinem Leben!

ganz oben am Berg
da ist endlich Schluss
zu Ende der Weg
auch steinig der Pfad
bis oben
hinauf
stets hielten Klötern
den Reisenden auf
er bückte sich emsig
zu bauen aus Stein
ne Höhle zum Schlafen
zum Ruhen ein Ort
geschützt vor den Winden
die stärker geworden
der Wanderer mutig
geht weiter den Weg
verändert sich
fühlt es
'nem Ankommen gleich
bei sich
auf der Route
die ihm nicht bekannt
er feuert sich an
je höher er steigt
die Luft wird ihm knapper
verlangsamt den Schritt

Augen verzehrend
schauen links und auch rechts
die Stimme im Innern
sagt
ängstige dich nicht
schau hin
in dein Herz
in dir liegt es
tief
die Karte
der Kompass
vertraue auf dich
bleibt nichts erspart dir
nicht Not und nicht Pein
schreite mutig voran
ich werd dich begleiten
dein Schöpfer dir sein
und wachen
nie ruhn
du bist stets gehalten
und sicher dabei
dein Licht ist so maßlos
s'wird nie dunkel nich sein
es leuchtet den Weg
ganz helle dir aus

Sternenfunkeln

Glitzerfäden

Universum

unendlich

kann die Weite nicht erfassen

erahne ich

was sich verbirgt

mitnichten

sehendes Auge

eingeschränkter Geist

sich nicht bewusst

der Göttlichkeit

Mein Inneres ist angefüllt, von golden glitzernden Funken. Sie toben wie wild in mir herum, nicht zu bändigen. Sie hüpfen und tanzen. Lächelnd gebe ich meinen Gefühlen Raum.

Ich bin vom Hacken bis in Nacken durchflutet. Tränen umhüllen meine Augäpfel. Tränen der Seligkeit und Freude. Ich erinnere mich, als ich ein Mädchen war, das erste Mal verliebt.

Es ist piep egal wie alt ich bin. Dieses Gefühl des Verliebtseins ist zeitlos. Im Innern werde ich nicht älter.

Da ist das Kindliche in mir, das mich führt und verführt. Es spricht zu mir: „Nimm mich an die Hand. Komm mit auf meine Schaukel. Du kennst sie doch. Oft hast du darauf gesessen und dich hinaufgeschwungen, hoch in die Lüfte."

Haar, vom Wind zerzaust und Augen, die funkeln wie Diamanten. Ich werde hinaufgetragen.

Wer bin ich?

Es ist interessant und spannend zugleich, hier zu sitzen und darüber nachzudenken. Blicke ich zurück, dann kann ich heute sagen, ja, ich habe mich gefunden.

Du wirst dich jetzt fragen, wie ging das? Ich werde es dir erzählen. Mach es dir doch in der Zwischenzeit bequem. Ein gut duftender und aromatischer Tee kann dir beim Entspannen helfen. Leg deine Beine hoch, wenn du magst, und überschlage sie mit einer Decke. Ich lade dich ein, meine Geschichte zu lesen und dich inspirieren zu lassen... und ich wünsche mir, dass das vertraue „du", für dich, keine Hürde darstellt, weiterzulesen.

Es gab eine Zeit in meinem Leben, da war ich ganz anders. Es war die Zeit, in der ich mich nicht sah. Das taten nur die anderen. Und was sie sahen, so weiß ich jetzt, war ein angsterfüllter, ohnmächtiger und wütender Mensch. Ein Mensch, der ungerecht war und nicht in der Lage zu lieben. Wie sollte das auch gehen? Das mit dem Lieben? Es hatte mir niemand beigebracht. Meine Kindheit war, so dachte ich immer, wundervoll. In meiner Erinnerung war sie es auch.

Bis sich sacht die Schubladen in meinem Innern öffnen konnten, durften viele Jahre vergehen. Und was da zum Vorschein kam, war alles andere als schön. Sie öffneten sich nicht einfach so. Nein, ich hatte den zweiten Entschluss meines Lebens gefasst. „So wie ich war, wollte ich nicht mehr sein. Eine tiefe Lebenskrise hatte mich auf den Weg gebracht, den Weg zu mir.

In einer Zeit gezeugt, in der der Status einer Familie die wichtigste Rolle spielte, es eine Schande war, wenn die werdende Mutter noch minderjährig war, begann mein Leben. Ein Entstehen mit Ablehnung.

Ich sehe mich noch immer, wenn ich in Gedanken in diese Zeit reise, als Fötus. Im Leib meiner Mutter war es warm. Niemand im Außen konnte sehen, dass sie schwanger war. Sie hatte es auch geschickt verbergen können. Fest eingeschnürt hatte sie sich.

Das ging lange gut. Bis zu jenem Zeitpunkt, an dem das Offensichtliche zutage trat. Da war es um meine Mutter geschehen. Es prasselte aus allen Rohren, voller Wut, auf sie nieder. Und ich konnte, in ihrem Leib, in meiner Blase, alles hören. Ich hörte meine Großeltern, die von Scham und Schande sprachen. Dass sie es so nicht hinnehmen würden. Wie würden denn die Leute reden? Und, was würden sie denken? Sie sagten eindeutig: „Ist das Balch auf der Welt, kommt es weg." Was sollte ich da tun, außer meine kleinen Fäustchen ballen und mich schützen? In diesem Moment fasste ich den ersten Entschluss. „Ich bin hier, im Bauch meiner Mutter und ich werde in dieses Leben kommen."

Es begann für mich eine Zeit der ersten Erfahrungen. Ich durfte erfahren, wie es ist, Angst übergestülpt zu bekommen, Wut und Machtlosigkeit, Zorn und Aufruhr, sogar Hass. An einem Tag, an dem die Verzweiflung sehr groß gewesen sein musste und meine Mutter keinen anderen Ausweg mehr sah versuchte sie, uns das Leben zu nehmen. Es gelang ihr nicht. Eine gute Seele hat uns gerettet.

Ich entwickelte mich im Leib meiner Mutter, wuchs. Mittlerweile hatte ich mich gewappnet und eine Mauer um mein Herz gebaut. Schließlich sollte mich niemand mehr verletzen. Mein Schutzschild gegen alles und jeden, der mir zu nah kam. Wie sich später herausstellen sollte, waren es sogar zwei Mauern.

Die Geburt, in einem hiesigen Krankenhaus, verlief nicht glatt. Wie sollte es auch? Ich wollte noch nicht in diese Welt. Hier wartete kaum etwas Schönes auf mich. Niemand wollte mich haben und deswegen, Rückzug und bleiben, wo ich war. Nervenzehrende Stunden und ich erblickte das Licht der Welt. Und dann, ein Wunder? Den Zauber meines Anblicks konnte sich wohl kein Familienmitglied entziehen. Von: „Das Balch muss weg." war keine Rede mehr. Ich hatte das große Los gezogen und konnte mit trara Einzug halten, in die Herzen meiner Familie. Was für eine Welt, was für Menschen um mich herum. Voller Hingabe begegneten sie mir. Ganz anders, als alle Voraussagen waren. Es entbrannte sogar ein regelrechter Kampf, wer denn nun die erste Geige spielen sollte. Diese Aufgabe übernahm mein Großvater. Er war mein Vormund, bis meine Mutter volljährig war. Wohl behütet und genährt entwickelte ich mich zu einem rundlichen Kind, das eher sprechen als laufen konnte. In einer Großfamilie aufzuwachsen, war fantastisch. Es gab, neben meinen Eltern, auch meine Großeltern und Urgroßeltern. Und alle lebten wir unter einem Dach. Schnell lernte ich mich anzupassen. Liebe gab es nur, wenn ich sie mir auch verdient hatte. Sei ein braves Mädchen. Liebe Mädchen machen einen Knicks und sagen immer schön guten Tag. Du darfst das nicht tun, das ziemt sich nicht und tu lieber das, das schickt sich.

Sollte das alles gewesen sein? Wo war die Kuschelzeit mit Mutter und Vater? Diese Stunden waren so spärlich, dass ich mich nicht einmal daran erinnern kann. Schließlich war ich ja versorgt. Und mein Vater? Gefühlt war er immer weg.

Ich habe schnell gelernt, mit mir zu sein. Ich war so gern im Garten meiner Großeltern, hatte dort eine Schaukel, die ich immer noch vor meinem geistigen Auge sehen kann. Um mich herum gab es viele Menschen, die sich kümmerten. Ich hatte alles. Ich liebte es, als Kind, die jungen Gurken zu essen, wenn sie noch stachelten. Und die Erdbeeren, aus Opas Garten, waren ein Genuss.

Geht es im Leben immer um die Liebe? Fragst du dich das auch manchmal? Ja, das geht es.

Mit all den auferlegten Regeln konnte ich mich nicht immer anfreunden. Und so kam es, dass ich aufmüpfig wurde. Ich tat Dinge, die ich besser hätte bleiben lassen. Denn es gab schon das eine oder andere Mal was an die „sogenannten Löffel". Kennst du das Gefühl, einfach weggesperrt zu werden? Und die Angst ist so groß, dich zur Wehr zu setzen, dass du eigene Strategien entwickelt hast? Ich begann mit dem Nägel beißen.

Der erste Meilenstein in meinem Leben war der, dass meine Eltern den Entschluss fassten, die Großfamilie zu verlassen. Sie wollten ihren eigenen Hausstand. Im Ort sind Wohnblöcke entstanden, die es so vorher noch nicht gab. Wir hatten eine 2,5 Zimmer- Wohnung.

Und mittlerweile hatte ich auch ein Geschwisterchen, meinen Bruder. Im Jahr des Auszugs kam ich zur Schule.

Von Stunde an war ich nicht mehr das kleine Mädchen.

Meine Aufgaben waren klar und ich erfüllte sie so gut ich konnte. Schließlich musste ich meine Mutter unterstützen, es waren ja keine Großeltern mehr da. Ich liebte die Schule und war eine gute Schülerin. Es gab Täler, die ich durchwanderte und Berge, die ich erklimmen konnte.

Für alle Erfahrungen, die ich in meinem Leben machen konnte, bin ich unendlich dankbar. Das kann ich heute so sehen, als die Erwachsene. Denn alles, was ich erleben konnte, hat mein Sein geprägt, hat mich zu dem gemacht was ich bin. Ich liebe meine Eltern und bin ihnen dankbar, dass sie mich gezeugt haben. Sie haben es zu jedem Zeitpunkt so gut gemacht, wie sie es konnten. Hätten sie es besser gewusst, dann hätten sie es auch besser getan.

Warum erzähle ich dir das alles?

Die Frage ist berechtigt. Ich zeige dir, mit meiner Geschichte auf, woher die Glaubenssätze kommen, die auch du in dir hast. Dass genau diese Muster über dein Sein entscheiden, dein Jetzt beeinflussen und tief in deinem Innern verankert sind. Wohl wissend, dass alles ganz anders ist, als es zu sein scheint. Fein säuberlich weggesperrt, in Schubladen und der Schlüssel ist vorsorglich nicht in Reichweite. Was du sehen kannst, ist immer nur die Spitze des Eisbergs. Tief unter der Oberfläche schlummert der Rest. Es erfordert Mut und

Hingabe, sich den eigenen Themen zu widmen. Zu tief waren die Verletzungen in der Kindheit, um sie noch einmal erleben zu wollen.

Ich hatte eine tiefe Lebenskrise. Hervorgerufen durch mein So-Sein, durch mein Zutun, meine Nicht- Liebe, weder zu mir noch zu anderen Menschen. Ich war verletzend und konnte es perfekt, anderen zu sagen: „So wie du bist, bist du nicht richtig." Ich habe Menschen, die mir nahestanden, mit Nichtachtung gestraft und sah bei allem was ich tat immer nur mich. Mein Ego war mein bester Freund. Ich trieb es so weit auf die Spitze, dass der Tag kam, an dem ich mich verantworten durfte. Ich wurde bestraft für mein Tun. Es war demütigend und ich war voller Angst. Nie in meinem Leben hatte ich Angst in dieser Intensität fühlen müssen. Und heute, Jahre später weiß ich, es sollte genau so kommen und ich bin dankbar für diese Erfahrungen.

Das erste Mal in meinem Leben bat ich um Hilfe. Ich kam an dem Punkt an, bei meinem ersten Entschluss: „So wie ich war, wollte ich nicht mehr sein." Dazu war ein radikaler und konsequenter Richtungswechsel von Nöten. Ich stand an einer Weggabelung und wusste nicht, welchen Abzweig ich nehmen sollte. Und für die Hilfe, die ich hatte, war ich sehr dankbar. Ich entschied mich und wusste, dass ich mich jeder Zeit umentscheiden konnte. Nach und nach spielten mir alle Begleiter die Schlüssel für die Schubladen in meine Hände. Und ganz schnell erkannte ich, welcher, zu welchem Zeitpunkt, der richtige Weg war. Ich konnte die ganze Bandbreite der Emotionen erfahren. Manchmal dachte ich, dass es der Tränen doch auch mal genug sein durfte. Mit der Auflösung meiner Herzmauern kam ich ein ganzes Stück voran. Und bis zum jetzigen Zeitpunkt sind sie aufgelöst und nicht mehr da.

Fließen heute die Tränen, dann aus Freude und Mitgefühl, aus Liebe und Zuversicht. Ich habe nun, als die Große, die Möglichkeit, mit meinem kindlichen Kern Kontakt aufzunehmen. Ich kann mein „inneres Kind" in den Arm nehmen, es heilen. Ich kann all die Gefühle für es fühlen und verwandeln. All die Dinge, die ich in meiner Kindheit erlebte, vom Sein im Mutterleib, bis jetzt, sah ich mir nach und nach an. Ich weiß nun genau, wann ich all die Nicht- Liebe in mir verankert hatte, all die Wut. Alles kommt zu seiner Zeit. Ich darf mir Raum geben, denn ich habe mein ganzes Leben Zeit für mich und die Transformation. Ich habe gelernt, mein So- Sein zu akzeptieren. Ich sehe mich als Frau und liebe mich genauso wie ich bin. Für die Erfüllung der Erwartungen anderer bin ich nicht zuständig. Das darf jeder für sich selbst. Und mein Ego? Ja, es ist noch da, aber ich kann es nun geschickt in seine Schranken weisen.

Tief in meinem Innern ist die Gnade verankert, dass ich ein göttliches Wesen bin, gehalten und getragen und niemals allein. Ich vertraue auf eine höhere Macht, die ich jederzeit um Hilfe bitten kann. Lange Jahre habe ich es nicht verstanden was es heißt, mit Gott verbunden zu sein. Nun fühle ich es… Ich habe gelernt zu vergeben, vor allem und in erster Linie mir selbst! Ich gehe meinen Herzensweg.

Auch du kannst dich jeder Zeit entscheiden, deinen Herzensweg zu gehen. Dafür ist es nie zu spät und das Alter spielt keine Rolle.

Auch muss es keine Lebenskrise sein, die dich bewegen kann, einen anderen Weg einzuschlagen. Manchmal ist es die Begegnung mit einem Menschen, die dich zum Nachdenken und Hinterfragen anregt. Lass dich inspirieren, lass dich ein, auf dein Abenteuer Leben, lerne an Wunder zu glauben, kreiere deine Lebenswirklichkeit und gestalte deine Lebenszeit, in Liebe...

Für einen lieben Menschen...

Deine Worte wandern durch meinen Kopf. Sie tragen festes Schuhwerk. Ich sehe mich aus einer anderen Perspektive.

Durch deine Inspiration!

Wunscherfüllung ist das eine. Der Reiz, an meine Grenzen zu gehen, ist da. Es fühlt sich gut an, aus mir herauszutreten.

Ich nehme, was sich mir bietet, mein Leben, vom Leben.

Nicht nur kosten will ich, sondern, es ganz und gar.

Leben, bewusst, all das will ich tun, was vorher nicht möglich war.

Ich bin mitten in meinem Leben und es gefällt mir.

Ich will es nicht halbseiden und weichgespült.

Regeln will ich definieren und ausgediente in die Schublade legen und dort belassen.

Ich stehe in meinen Schuhen und gehe festen Schrittes.

Und dir, lieber Freund, danke ich, von Herzen, für deine Inspiration.

Es ist so schön, dass es dich gibt!

Zukunft
Visionen
Grundstein gelegt
fest verwurzelt
gestern und morgen?
NEIN!
JETZT
soll es sein
mit Augen des Kindes
staunen und sehn
kreieren
erschaffen
und Angst
ist kein Thema
nur Freude
nur Licht
Träume vom Fliegen
Wünsche
im Fluss
Farben und Düfte
so
soll es sein
was kann
und was darf
denk maßlos
mein Schatz

denk groß
und noch größer
setz niemals dir Grenzen
du Wesen
erschaffen
aus göttlicher Hand
ohn Zeit
und auch Raum
gleite dahin
auf Wolken
der Liebe

Mein Geliebter, Ehemann, Gefährte...

„Ich möchte dich an meinen Gefühlen teilhaben lassen. Nie habe ich dir gesagt, was ich mir wünsche, wie es mir geht, welche Sehnsüchte ich habe. Ich verstehe (noch) nicht, warum du so bist wie du bist. Zu viel hältst du verborgen vor mir. Es ist nicht meine Aufgabe dich zu verändern und das will ich auch nicht. Ich darf, kann und will dich genauso annehmen, wie du bist! Ich möchte mit dir leben. Ich wünsche mir Liebe und Zweisamkeit, Streit und Versöhnung, mit dir sein und für mich, Krisen und Glück, keinen Mangel, den du und ich auch nicht haben. Es geht uns gut. Mein Lieber, kannst du mich als Frau wahrnehmen? Sehen? Ich fühle mich in deiner Gegenwart oft minderwertig, nicht gesehen, habe Angst und ziehe mich zurück. Ich möchte mich öffnen und fühle nur Mauern.

Ich sage mir: „Ach lass mal, wenn du mit dir bist, reicht das aus. In deinem Schneckenhaus fühlt es sich gut an." Und dann schreie ich innerlich... NEIN... das reicht nicht aus! Meine Kleine, das Kind in mir, war ein verlassenes Kind, das sich selbst aufgegeben hatte, im Alter von 4 Jahren. Ich, die Große, bin da, sieh mich, schau mich an. Nimm mich leidenschaftlich in den Arm, sei weich, küsse mich, als wenn es das letzte Mal wäre. Berühre mich tief in meinem Innern, in meinem Herzen. Schau in meine Augen, sieh ihre Schönheit. Meine Augen sind wunderschön. Berühre mich. Meine Brüste, ich liebe sie. Du auch? Was liebst du an mir? Bin ich für dich genug, so wie ich bin? Ich weiß es ehrlich gesagt nicht. Mein Körper beginnt zu welken. Und ich liebe ihn genauso wie er ist, mit all seinen Rundungen, Falten, ja, auch mit Cellulite. Das war nicht immer so, dass ich mich so lieben konnte...

DAS BIN ICH! Sieh mich, nimm mich wahr, so wie ich bin. Ich bin richtig so. Zeit für uns, echte, wahre Zeit, die wünsche ich mir von dir. Keinen Computer der ständig flackert oder die Glotze... Wann hatten wir beschlossen einen Tanzkurs zu machen? Verliere dich nicht im Außen! Das Leben ist jetzt, hier, in diesem Augenblick.

Ich möchte mit dir lachen, dich erfahren und dich lieben, mit dir grandiosen, erfüllenden Sex haben, in dir vergehen, schreien vor Ekstase... mich nicht verbiegen müssen oder Dinge tun, die mich nicht erfüllen... Die Woche hat 7 Tage, nicht nur den Sonntag, um sich körperlich das zu geben, was der Partner sich wünscht. Wohin ist alle Spontanität entwichen?

Lass uns wahre Geliebte, Partner, Gefährten sein, all die Dinge tun, die dir und mir guttun. Dazu zählt auch, Gefühle zuzulassen, darüber zu reden, Wünsche erfüllen, die Magie des Lebens hineinzulassen...in unsere beider Leben, gemeinsam zu träumen... lass uns die Tore weit öffnen und unser Leben bunt anmalen, den anderen beflügeln, Brücken bauen, Ängste nehmen, offen miteinander umgehen... Genau so darf es sein, unser Leben, und nicht ein Stück anders.

Ich möchte in deine Augen schauen und mich darin wiederfinden!"

Perfekt... Himmel, was verbirgt sich dahinter?
Meine erste Intuition...

ANGST...
Angst, nicht so zu sein, wie mein Umfeld es erwartet.
Nicht in dem Maße Aufgaben zu erfüllen, dass diese den Ansprüchen
Rechnung tragen.

DRUCK...
Immer in vollem Tempo durch den Tag zu rasen. Dinge erledigen,
Termine einhalten, hier und da noch was. Ach so, und was ich nicht
geschafft habe, hucke ich mir noch für Zuhause auf.

SCHMERZ...
Den ich in meinen Gliedern spüre, vom vielen Tun.
Ich kann meinen Körper nicht mehr wahrnehmen, vernachlässige ihn,
höre seine Signale nicht.

SEI DU SELBST!
Schmeiß das,
PERFEKT SEIN WOLLEN IM AUSSEN
über Bord...

Werde still,

langsamer,

fühlender,

liebevoller mit DIR.

Nimm dir Zeit,

für die wichtigen Dinge des Lebens,

die dein Herz zum Singen bringen.

Denn jeder wahrhaft gelebte Augenblick,

IST in dir

und zeigt dir auf,

wie perfekt du schon immer warst,

von Geburt an.

Nebelschleier...
Wabernd über'm Erdengrund.
Der Reif zieht seine Bahnen
und macht die Wiesen weiß.
Ich genieße den Morgen
und Blicke hinaus.
Wie wohlig warm es doch in meinem Raum ist.
Gemütlichkeit ist herzlich willkommen.
Lichter flackern sacht.
Ruhe zieht durch mein Gemüt, Besinnung...
Meine Gedanken blende ich aus.
Welch Fülle mir in diesem Augenblick widerfährt.
Fülle, die ich wahrnehme, wenn ich ganz bei mir bin.

Füße

Füße über Füße

gehen

wandern

schreiten

laufen

schweben

hinken

hüpfen

meditieren

auf Mutter Erde

Begegnungen

finden statt

nicht immer

unbewusst meist

im Geiste weit weg

fühlen nicht

was unten ist

unter ihren Füßen

ist es

Stein

Gras

Kies

Sand

Beton oder Asphalt

wie fühlt

es sich an

der Untergrund

was vermag er

zu tragen

Glück

Zuversicht

Wahrhaftigkeit

Liebe

oder...

das Elend der Welt

magische Momente
schau hin
begegne ihnen
halt sie fest
im Herzen
einmal erlebt
werden sie auf ewig
Teil
deiner sein

Brief an meinen Vater

Lieber Papi,

warst du mein Papi? Oder warst du einfach nur da. Ich kannte nur dich und doch habe ich dich nicht wahrnehmen können. Du warst nie da. Ich kann mich nicht daran erinnern. Manchmal sehe ich dich im Sessel sitzen, mit deinem traurigen Blick. Warst du glücklich? Ich kann diese Frage nicht beantworten. Ich weiß es nicht. Die Momente, in denen du lachtest, waren zu selten. Du hast mich nicht gesehen, wahrgenommen. Ich erinnere mich nicht daran, dass du mich auf den Arm genommen hast. Du warst zu sehr mit dir beschäftigt. Ich habe dich gehasst, für deine Verbote und habe kein Vertrauen von dir bekommen. Immer nur funktionieren, gut in der Schule sein. Ich könnte dich immer noch erwürgen für diesen Satz: „Solange du zur Schule gehst und deine Füße unter meinen Tisch stellst, wird gemacht was ich sage." Ich war nie dein Kind. Du hast mich nicht geliebt und hattest nicht einmal den Arsch in der Hose mir zu sagen, dass du nicht mein leiblicher Vater bist. Das war für mich das Allerschlimmste. Eine Schulfreundin hatte es mir, im Streit, um die Ohren geschleudert. Ich war so traurig.

Kein Wunder, dass du dich umgebracht hast.

Als ich dann bei Opa lebte, weg war von Zuhause, war ich auf einmal die gute Tochter. Das kannst du vergessen. Keiner war traurig, auch du nicht, als ich gegangen bin. Es war die richtige Entscheidung, das Beste für mich, dir den Rücken zu kehren. Ich kann mich nicht erinnern, dass du mich geschlagen hast. Heute weiß ich, es waren andere Schläge und es ist in meinem Bewusstsein haften geblieben. Du hast dich von deiner Frau benutzen lassen. Du warst feige. Deine Worte, deine Nichtachtung haben mich tief in meinem Herzen verletzt. Du konntest nicht akzeptieren, dass ich bin, meinen eigenen Weg gehen wollte. Und ich tat es doch ...bäh... ich stecke dir die Zunge raus und hüpfe ... ätsch ...bätsch... Das war's Alter!

Du hast versucht es wieder gut zu machen. Ich nahm deine Angst wahr, deine Schwäche und deine Traurigkeit. Du warst ein so großer Kerl und im Innern ein kleiner Junge, der selbst vor Liebe nicht satt geworden ist. So klein sah ich dich, wenn du dich bei mir ausgeheult hast. Welche Rolle durfte ich denn nun spielen? Dir ist dein Leben entglitten, einfach aus den Händen geflutscht. Das Kartenhaus war zusammengebrochen. Warst du nicht selbst der Auslöser dafür? Diese Frage werde ich wohl nie beantwortet bekommen. Denn dein Leben war deine Angelegenheit, nicht meine. Die schlimmste Zeit war für mich, wenn ich deine Eltern besuchen musste und dortbleiben. Welch grausame Zeit. Zum Kotzen, im wahrsten Sinne des Wortes. Seitdem kann ich keinen Schokoladenpudding mehr essen. Er wurde mir dort „verabreicht", bis er wieder rauskam.

Du hast mich nicht beschützt, warst kein Vater. Du bist ein Verräter, hast mir die Stasi auf den Hals gehetzt und verhindert, dass ich meinen leiblichen Vater kennenlernen konnte. Du hast mir Angst gemacht und dafür verachte ich dich ...

Danke, dass ich lernen und erfahren konnte. Alles andere habe ich selbst geschafft.

Deine „Tochter"

Anmerkung: Meine Gedanken flossen einfach aus mir heraus. Erst nachdem alles auf dem Papier stand, las ich, was ich geschrieben hatte.

Den Brief konnte ich nicht abschicken, denn es gibt keinen Adressaten mehr. Er hat seinen physischen Körper schon vor langer Zeit verlassen. Heute, mit dem Abstand der Erwachsenen, und der Heilung, die ich bereits erfahren konnte, kann ich Dankbarkeit empfinden. All die Dinge, die ich erfahren konnte, haben mich zu dem Menschen werden lassen, der ich bin. Es war mein Weg, den ich gegangen bin, der mir vorbestimmt war. Ich habe mir vergeben, weil ich nicht so sein konnte, wie mein Vater mich gerngehabt hätte. Du, Papi, hast es zu jedem Zeitpunkt so gut gemacht, wie du konntest...

Dafür vergebe ich dir!

Verlust...

Was gilt es zu verlieren, wenn dich die Liebe eiskalt erwischt?

Verlierst du dein Leben?

Nein...

Verlierst du Hab und Gut?

Nein...

Verlierst du deine Unschuld?

Vielleicht...

Was könnte es sein, dass dich entscheiden lässt, dich der Liebe nicht uneingeschränkt hinzugeben?

Nur du weißt darum.

Zuversicht...

Eine neue Perspektive und Sichtweise, auf dein Leben, könnte dich erwarten.

Du könntest mit Karacho aus deiner Komfortzone katapultiert werden, einfach so.

Wunder...

Ich gakel an deiner Schale, will die Auster in dir öffnen, ein klitzekleines Stück nur.

Lass mich die Perle in deinem Innern sehen.

Und sollte sie noch nicht in voller Pracht erstrahlen, bin ich das Sandkorn, das sich in deine Auster begibt, um, gemeinsam mit dir, das Werk zu vollenden.

Lass den Ast los!

Die Sonne kitzelte ihre Nase und langsam öffnet sie die Lider. Was für ein herrlicher Tag. Sie konnte direkt aus ihrem Fenster schauen, durch die leicht geöffneten Vorhänge. Das Blau am Himmel glich dem Azurblau, das sie schon einmal an der Adria gesehen hatte. Und die Sonne strahlte in einem satten Gold. Sie schlug die Bettdecke zurück und setzte sich an den Bettrand. Das Morgengebet sprach sie leise für sich. Schnell war die Entscheidung gefallen. Sie hatte einen freien Tag, ganz zu ihrer Verfügung, keine Verpflichtungen oder Verabredungen. Heute sollte ihr persönlicher Wohlfühlwandertag sein. Und sie wusste auch schon, wohin sie gehen wollte. Im Bad neckte sie der Duft von frischem Kaffee, der sich wabernd durch den Türspalt drängte. Welch herrliches Gefühl durchströmte sie, Freude. Da sie oft wandern ging, lagen die Sachen fast obenauf im Schrank. Schnell hineingeschlüpft und den Rucksack gepackt. Denn das Frühstück, so hatte sie beschlossen, wollte sie an ihrem Lieblingsplatz einnehmen, auf der kleinen Lichtung, bei der dicken Eiche. Es war ihr Lieblingsplatz, ihr Kraftort, an dem sie auftanken konnte. Jedes Mal, wenn sie dort saß, mit dem Rücken zum dicken Stamm der Eiche, hatte sie das Gefühl, der Baum würde ihr aus seinem Leben erzählen. Von den ungestümen Winden, die in sein Blätterdach fuhren und den Widrigkeiten von Regen und Schnee. Bis zu dem Zeitpunkt, an dem er seine Blätter loslassen musste. Der Baum war sehr alt. Ein Lächeln huschte durch ihr Gesicht bei dem Gedanken an das Alter. Bald würde sie an seinem Stamm sitzen, ihn umarmen und hören, wie die lebenspendenden Säfte in seinem Innern flossen. Sie verschloss die Wohnungstür und marschierte los. Ihr begegnete niemand, denn der Tag war noch jung. Die Nacht war dem Tag gewichen, hat ihre Hüllen fallen lassen. Nichts hinderte die Nacht daran. Sie ist im Einklang mit sich und der Zeit. Und immer wieder kehrend, begrüßt die Nacht ihren Geliebten, den Morgen. Sie umarmen sich sacht und berühren einander liebevoll. Sie lieben sich, einzigartig und wahr.

Der Weg war nicht weit und sie marschierte los. Ein Blick nach rechts und links und rasch über die Straße. Sie sah den Wald vor sich. Er öffnete sein Tor für sie und ließ sie eintreten. Welche Schönheit. All diese Pracht. Sie liebte die Natur. Die Natur hatte sich nach nichts zu richten, nur nach sich selbst. Der Boden unter ihren Füßen wurde weicher. Moos und kleine Äste bedeckten ihn. Sie schritt voran und schaute sich beim Laufen um. Ihr Atem ging rasch und war tief. „Was renne ich denn eigentlich so?", dachte sie bei sich und verlangsamte den Schritt. Der Atem beruhigte sich und sie konnte die Vielfalt dessen, was sich vor ihren Füßen ausbreitete, besser sehen. Bis auf diese eine Wurzel, die sah sie nicht. Ihr Blick war für den Bruchteil einer Sekunde gen Himmel gewandert. Die Sonne hatte sich, in einem Spinnennetz über ihrem Kopf, in vielen kleinen Tautropfen gebrochen. Es sah aus, wie ein Kaleidoskop. Sie stolperte über eine Wurzel, konnte sich aber gerade so fangen. Den Blick zurückwendend, auf die Wurzel gerichtet sah sie, dass dort eine Feder lag. Sie ging zurück und hob sie auf. „Du bist aber wunderschön" und hielt die Feder ins Sonnenlicht. Wundervolle Farben sah sie, purpurnes Violett und Gold, durchzogen von silbernen Streifen. So etwas hatte sie noch nie zuvor gesehen. Sie beschloss, die Feder mitzunehmen. Federn hatten etwas Magisches. Sie sind eine Botschaft der Engel. Sie können eine Veränderung im Leben ankündigen. Oder auch bestärken, wenn bestimmte Entscheidungen anstehen. Der Wald wurde dichter und die Sonne kam nicht mehr durch das dichte Blätterdach. Nur noch ein kleines Stück, dann würde sie an ihrer Lichtung sein. Von weitem hörte sie den kleinen Bach. Welch wundervolles Lied. Und er singt es nur für sie. In seiner ihm eigenen Geschwindigkeit. Er singt seine Melodie. Die Melodie, im wiederkehrenden Lauf der Jahreszeiten. Die Gedanken schweiften ab und sie fragte sich: „Welche Melodie singe ich? Habe ich eine eigene Melodie? Oder singe ich die Lieder der anderen?" Unmut machte sich breit. Das war eine gute Frage, die sie sich in diesem Moment nicht beantworten konnte. Und sie erinnerte sich, dass sie ja gleich an ihrer Eiche sein würde und fasste den Beschluss, den Baum zu fragen. Er hatte schon viel gehört und gesehen. Er konnte ihr bestimmt eine Antwort geben. Voller Zuversicht setzte sie ihren Weg fort. Der kleine Vorsprung, an einem Felsen, erregte ihr Interesse. „Wo kommt der denn her?" Den hatte sie noch nie zuvor gesehen. Sie brach durch das Unterholz, um dorthin zu gelangen. Jedoch konnte sie nicht im Ansatz ahnen, dass sie gleich in die Tiefe rauschen würde. Der Boden unter ihr war lose und rutschte weg. Sie fiel, schnell. Pures Adrenalin durchströmte ihre Adern. Hektische Blicke, die nach einer Möglichkeit des Haltens suchten. Da, ein Baum, im Felsen. Sie griff mit beiden Händen zu. Der Baum federte leicht hin und her. Doch sie hatte ihn packen können. Der Ast sah wenig vertrauenerweckend aus. Hoffentlich würde er halten. Doch ihre Füße fanden keinen Halt. Sie schwangen in der Luft. Aus Leibeskräften schrie sie um Hilfe. Doch niemand eilte zu ihr. Es war keine Menschenseele weit und breit. Sie betete herzerweichend, rang nach Luft und erstickte Seufzer verließen ihre Kehle. Da, was war das. Eine Stimme? Sie scheint von oben zu kommen, über mir zu sein. Trotz ihrer misslichen Lage bemerkte sie, wie angenehm die Stimme war, warm und weich. Sie vernahm die Worte: „Lass den Ast los". Was? Panik und schrecken durchfuhren sie. Was hatte sie da gerade gehört? Sie sollte den Ast loslassen? Das wäre ihr Tod. Und wieder vernahm sie die Stimme über sich: „Lass den Ast los."

Wie oft im Leben bist du schon in diese Situation geraten? Nun, nicht an einem Baum hängend mit dieser Entscheidung konfrontiert zu werden. Ich meine die Situationen, in denen du dich entscheiden musstest, festzuhalten oder loszulassen? Es ist kein einfaches Unterfangen loszulassen. Es ist normal, dass der Mensch das Altbekannte mag, das, was ihn trägt. Es gibt Sicherheit und ein gutes Gefühl der Vertrautheit. Du hast es von Kindesbeinen an gelernt. Doch was geschieht, wenn plötzlich etwas wegbricht? Die Szenarien können vielfältig sein. Der Partner trennt sich, der Job geht flöten und obendrein hat der Vermieter auch noch Eigenbedarf angemeldet. Nun hängst du am Ast. Es hat dir niemand beigebracht, mit Verlusten umzugehen. Das ist Schmerz pure, Wut und Angst. Es gab sonst immer jemanden, der rechtzeitig sein Sicherheitsnetz aufspannen konnte, dass du weich fällst. Du kannst auch nicht einfach in einen Flieger steigen und die Situation verlassen.

So gern du es auch tun würdest. Ob Flucht die Lösung ist, wage ich zu bezweifeln. Du könntest allerdings lernen, mit diesen Situationen besser umzugehen.

Bist du bereit? Denn das ist die Grundvoraussetzung. Zeit, die du dir geben darfst, ist eine weitere. Denn nichts verändert sich mit einem Finger schnipsen. Lerne zu verstehen, dass du zu jeder Zeit dein Schöpfer bist. Du entscheidest über dein Leben, niemand sonst. Du kreierst deine Lebenswirklichkeit. Und du bist es, der auf bestimmte Situationen reagiert.

Es hängt von dir ab, ein Drama daraus zu machen oder eine Chance, zum Wachsen, darin zu sehen. Du kannst zu jeder Zeit einen anderen Weg einschlagen, an der Wegbiegung die Richtung wechseln und deine Meinung ändern. Nur umkehren, das kannst du nicht. Denn die Vergangenheit ist das was sie ist, vergangen. Dein Handeln gehört dazu, deine Worte und deine Gedanken.

Du wirst nun denken, na großartig und weiter?

Lerne dich wahrzunehmen. Nimm dir Zeit nur für dich allein. Geh in die Natur und beruhige deinen Geist. Schaffe dir deine Oasen. Lerne, dich mit dir wohlzufühlen. Beginne dich so anzunehmen, wie du bist und zu lieben.

Du kannst dir auch Rituale zulegen, Mediation zum Beispiel, Yoga, Wandern. Du könntest deine Kindheit in dir aufleben lassen. Lerne dein kindliches Ich kennen. Hol die Magie in dein Leben zurück, den

Zauber, die Leichtigkeit. Erinnere dich, wie du es als Kind getan hast.

Glaube wieder an Wunder. Ändere deinen Blickwinkel und schaue dir alles aus verschiedenen Perspektiven an. Gib dir Raum ruhig zu werden. Lass deinen inneren Denker zur Ruhe kommen. Meditation kann ein gutes Hilfsmittel sein. Werde bewusster in deinen Gedanken, in deinem Kopf. Beginne deine Gedanken zu beobachten. Was denkst du den lieben langen Tag?

All das könnte dir behilflich sein, mit dem Loslassen besser umgehen zu lernen. Behalte deine Zuversicht, horche in dich hinein. Denn ganz tief in dir drin gibt es eine Instanz, die mit dir spricht, ganz leise und sanft... lausche ihr.

Auch wenn du nun sagst, das funktioniert alles nicht, ich bin zu jung, zu alt. Es ist nie zu spät zu beginnen, egal an welchem Punkt in deinem Leben du dich befindest.

Hab Mut und tu es...

JETZT!

Magie

Glitzern und Funkeln...

oooooh... ja...

das darf es in meinem Leben.

Denn dafür bin ich selbst verantwortlich.

Luftschlangen wirbeln

und jede Menge Luftballons machen den Himmel bunt.

Musik, herrlich.

Ich setze meine Krone auf

und bewege mich im Takt der Melodie.

Es fühlt sich befreiend an, warm und weich.

All das ist in diesem Moment mein

Sternenregen, mein Lichterglanz,

mein persönliches Wohlfühlpaket.

Alles spiegelt sich in meinen Augen

Und ich nehme die Pracht,

umarme sie,

genieße sie,

lebe sie.

Das Leben ist leicht!

Nur allzu gut weiß ich wie es ist,

ein schweres Leben zu leben.

Nun lache ich und tanze...

Guten Morgen mein liebes Leben,
ich bin in diesem Leben
um mich zu erinnern
um mich zu entwickeln
um zu wachsen
um zu erfahren
um zu glauben
um zu sehen
um zu fühlen
um zu kreieren
um zu weinen
um zu begleiten
um zu dienen
um Halt zu geben
um gehalten zu werden
um zu empfangen
um stolz zu sein
um zu strahlen
um dankbar zu sein
um glücklich zu sein
um zu lieben...
Ich verneige mich
in Demut
vor meinem Leben,
vor jenem Weg,
den ich bisher gegangen bin.

Höre ich auf zu funktionieren,
schwimme ich leicht und frei
im Fluss meines Lebens.
Ich stehe auf meinen eigenen Beinen,
ich bin tief verwurzelt mit Mutter Erde.
Gleichzeitig bin ich aufgerichtet
und an das Universum angebunden.

Höre ich auf zu funktionieren,
gebe ich meine Macht
nicht mehr ab.
Ich bin eigenmächtig,
entscheide selbst.

Höre ich auf zu funktionieren,
bin ich verantwortlich
für mein Denken,
was ich sage und wie ich handle,
mit allen Konsequenzen.
Ich bin kein Opfer!

Wenn ich aufhöre zu funktionieren,
verändert sich mein Leben
und ich bin lebendig.

Selbstliebe... wie lerne ich, an mir zu wachsen?

An manchen Tagen fühle ich, dass ich am Ast hänge, dass ich mir selbst ein Bein stelle, dass meine Gedanken die Oberhand haben und dass mein Ego, zu jeglicher Handreichung, allzu bereit erscheint. Kannst du erahnen was ich damit sagen will?

Da sind nicht nur meine Gedanken... Angetrieben von Ereignissen im Außen, erfolgt in Schallgeschwindigkeit die Bewertung der Situation. Die Bruderschaft zwischen Hirn und meinem Mund scheint einmalig zu sein. Beide harmonieren bestens. Es formen sich in Windeseile Worte, meine Zunge wird zu einem wahren Akrobaten. Und bevor ich mich versehe, verengen sich meine Stimmritzen und Laute verlassen meine Kehle. Worte, die an Unzulänglichkeit nicht zu übertreffen sind. Mein Ego peitscht mich an und meine innere Mitte ist mehr als nur ein Schatten seiner selbst. Plappernder Mund und aufgeregtes Ego. Eine Mischung, die nichts an Explosionskraft einbüßt, solange ich das Feuer am Lodern halte. Erst dann, wenn der Keil eingetrieben wird, der von außen kommt, in Form einer schallenden Ohrfeige, ist plötzlich und ad hoc Ruhe. Dieser Schlag kann aus heiterem Himmel kommen. Ich weiß nicht woher, dennoch hat er seine Wirkung nicht verfehlt. Ich gehe weg, nehme mich aus der Situation, reagiere nicht mehr. Dann schüttele ich mich, wie ein nass gewordener Hund. Es folgt die Frage an mich: „Was war das jetzt gerade?" Das Geschehene kann ich nicht ungeschehen machen. Das Gesagte kann ich nicht zurücknehmen. Dennoch bin ich in der Lage, mein Verhalten zu reflektieren. Wenn's und Aber spielen keine Rolle mehr. Es gilt nur der Moment. Das, was ich im Jetzt höre, sage, erlebe, gehört im nächsten Moment schon der Vergangenheit an.

Beim Blick in den Spiegel sehe ich mich. Ich sehe einen Menschen, mit Gedanken, Emotionen und Gefühlen, der aus seiner Mitte gepurzelt ist. Keine Spur von Bewusstheit war zu jenem Zeitpunkt zu erkennen. Ich verurteile mich nicht. Ich darf liebevoll mit mir sein, das Geschehene annehmen. Ich sage mir stattdessen: „Alles in mir darf jetzt da sein!" Alle meine Gefühle nehme ich, mit einem „JA" zu mir selbst, an. Manche Situationen im Leben können solche Reaktionen hervorrufen. Das heißt, wenn ich höchst unbewusst bin, kann es blitzschnell gehen. Es ist nicht die Situation an sich, nur meine Reaktion darauf. Wie richte ich meinen Blickwinkel aus? Wie ist mein Fokus in diesem Moment? Es ist nicht notwendig, den Projektor zu reinigen, die Linse scharf zu stellen. Vielmehr darf ich lernen, meine Brille zu putzen. Ich habe zu jeder Zeit die Möglichkeit, mich im bewussten Sein zu üben. Wie wäre es denn, erst einmal in die Beobachterposition zu gehen? Ich trete einen Schritt zurück und nehme mir die notwendige Luft zum Atmen. Ich halte bewusst inne. Interessant, was sich mir da gerade zeigt. Was löst diese Situation in mir aus? Ist es Ärger? Ist es Wut? Ich nehme diese Emotionen liebevoll in den Arm, lass sie da sein, fühle sie bewusst. Jede Situation birgt in sich die Chance, an ihr zu wachsen. Meine Sichtweise ist dafür ausschlaggebend. Ich richte zuallererst den Fokus auf mich, bevor ich in Aktion trete. Ich springe nicht sofort auf den vorbei rauschenden Zug auf. Ich nehme mir die Freiheit zu sagen, was ich fühle. Wenn ich z.B. wütend bin, dann darf ich es auch sagen. Ich sperre meine Wut nicht weg. Ich kann erleben wie befreiend es ist, wenn ich meinen Emotionen Ausdruck verleihen kann. Sie haben keine Möglichkeit, sich in meinem Innern einzulagern. Denn Emotionen sind Energien, die ständig unterdrückt, ihren Weg in mein Inneres finden und sie können physischen Schmerz auslösen. Oft habe ich Schmerzen im Schulterbereich. Es fühlt sich an, als hinge ein großer Rucksack auf meinen Schultern. Und wenn sie erst einmal da sind, besteht die Möglichkeit, dass sich noch die eine oder andere Emotion hinzugesellt. Diese eingeschlossenen Emotionen können die Größe eines Tennisballs erreichen. Es gibt eine gute Methode, diese im Körper aufzuspüren und aufzulösen, mit dem Emotionscode. Nach dem Auflösen, ich weiß es aus eigener Erfahrung, sind die Schmerzen weg.

Ein wichtiger Aspekt, ich sorge zu jeder Zeit gut für mich. Ich gehe liebevoll mit mir um. Denn ich bin der wichtigste Mensch in meinem Leben. Das hat nichts mit Egoismus zu tun. Das ist Selbstliebe. Ich trage keine Masken mehr, ich lege sie ab. Vielmehr bin ich authentisch und lebe das Ehrliche, stehe zu mir. Und wenn ein Spaziergang, in der Natur, genauso zu meinem Wohlbefinden beiträgt wie Yoga und ein entspannter Nachtschlaf, dann bin ich dankbar. Ich lebe meine Wahrheit und erfahre mich jeden Tag aufs Neue.

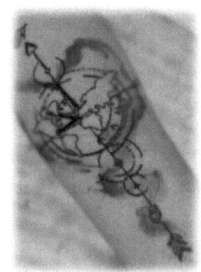

Backe, backe Kuchen...
Was backe ich mir täglich,
was kreiere ich in meinem Leben?
Wenn ich so darüber nachdenke,
 doch jede Menge.
Ich bekomme alle Zutaten serviert.
Und meine Aufgabe besteht darin,
alles in eine Schmackhafte,
 ansehnliche Form zu bringen.
Fazit: Bestimme selbst
 welche Zutaten du hinein gibst!
Zutat Nr. 1 meine Gedanken morgens
Zutat Nr. 2 meine Körperempfindungen
Zutat Nr. 3 meine Gefühle und Emotionen
Zutat Nr. 4 meine Zeit
Zutat Nr. 5 meine Worte
Zutat Nr. 6 meine Handlungen...
Und nun, alles schön verrühren,
in eine Form gegeben
und ab in den Ofen,
goldbraun backen,
bei 160 °C, Umluft...
Mein Kuchen ist fertig.
Wem möchte ich
ein Stück davon anbieten?

Wundervoll ist der Mond...
Ganz ruhig, wie ein stiller Beobachter.
Er lullt den Tag ein
und bringt die Seligkeit der Nacht.
Warte nicht auf mich,
scheint er zu sagen.
Begib dich genau dorthin,
wo du sein willst.
Liebe den Abend,
ruhe in der Nacht.
Und finde dich wieder,
in deinen Träumen.
Eines ist gewiss
und lausche meiner Stimme...
Ich wache über dich.
Mein Leuchten begleitet dich
durch die Dunkelheit.
Bis in den kleinsten Winkel
bringe ich dir mein Licht.
Hab keine Angst!
Denn ich bin für dich:
Dein Licht
Dein Anker
Dein Freund

Spuren im Herzen

Johanna hatte schon immer ein Faible für ältere Männer. Selbst der Altersunterschied von 20 Jahren, spielte für sie keine Rolle. Johanna genoss, mit jeder Faser ihres Körpers, die Reife der Herren. Geschieden und finanziell gut aufgestellt, gönnte sich Johanna jedes Jahr, wenn die dunkle Jahreszeit begann, einen ausgedehnten Strandurlaub auf der Sonneninsel der Kanaren. Ihre Freundin hatte sich, zusammen mit ihrer Gefährtin, vor längerer Zeit entschieden, Deutschland den Rücken zu kehren. Johanna und ihre Freundin kannten sich schon einige Jahre und es verband sie eine erfüllende Zeit. Ihre Freundin hatte immer mal ausgeholfen, wenn es einen Engpass gab oder eine große Feier anstand. Das Angebot ihrer Freundin, einmal auf die Insel zu kommen, nahm Johanna sehr gern an. Und aus einem Sonnenurlaub, sollten sehr viele werden. Der erste Besuch auf den Kanaren stand bevor. Ein Flug war schon lange gebucht und bezahlt. Johanna hatte sich gefreut, ihn für einen super Preis bekommen zu haben. Und er ging beizeiten von Hannover. Johanna würde am Vormittag in Las Palmas landen und ihre Freundin hatte geplant, sie dort abzuholen. Die Vorfreude war sehr groß, ihre Freundin endlich wiederzusehen. Frauen haben bekanntlich das Problem nicht zu wissen, was sie mitnehmen sollen. Und dieses Problem schrammte an Johanna nicht vorbei. Die Obergrenze für Gepäck, 20 kg, durften eigehalten werden und einige Präsente durften auch noch ihren Platz finden. Johanna hatte sich große Mühe gegeben, bei der Auswahl der kleinen Geschenke. Sie war gespannt wie ein Bogen, als es endlich los ging. Lange hatte sie keinen Flieger bestiegen. Johanna fuhr mit dem Auto zum Flughafen und ließ es dort für zwei Wochen stehen. Der check in verlief ohne Probleme. Und der Koffer hatte Normalgewicht. „Puh, Schwein gehabt", dachte sie bei sich und wischte mit dem Handrücken über die Stirn. Fensterplatz, super und freie Sicht in den Himmel. Das Schwelgen in Vorfreude, auf Sonne, Meer und liebe Menschen, stellte sich ad hoc ein und sie lächelte vor sich hin. Der Flieger landete pünktlich und ihre Freundin stand am Ausgang. Beide Frauen umarmten sich innig, Freudentränen liefen. Nun ab ins Auto und auf nach Hause. Das Zuhause ihrer Freundin war nun auch für zwei Wochen das ihre. Die eistündige Fahrt, in das kleine Dorf, verging schnell. Wow, welch Anblick, Lavagestein, nass glänzend, denn es hatte ausgiebig geregnet. Überall standen bunte Sträucher und Palmen. Johanna sog alles in sich ein, hielt die Nase in die Sonne und spürte die Wärme, wie eine Schar kribbelnder, krabbelnder Ameisen auf ihrer Haut. Dankbar schaute sie ihre Freundin an. Diese sah zufrieden aus. Eine große Überraschung offenbarte sich am Ankunftsort. Ihre Freundin war Mama geworden. Schnell hatte sich Johanna an das Leben gewöhnt, kam zur Ruhe und die ausgiebigen Gespräche taten ihr gut. Sie hatte auch kein Problem damit, sich mit dem Bus auf der Insel zu bewegen. Sie fuhr täglich los, bis zu den Dünen, die sie sofort in ihr Herz geschlossen hatte. Wenn sie in ihnen stand, in der Ferne das glitzernde blaue Meer sah, die vielen Diamanten, die auf ihm zu tanzen schienen, kullerten die Tränen, vor Glückseligkeit. Johanna liebte das Meer, schon seit ihrer Kindheit. Und auch während ihrer Kindheit und Jugend hatte sie die Möglichkeit, ihrer Sehnsucht Raum geben zu können. An diesem besonders heißen Tag, sie lag in den Dünen, bemerkte sie, dass sie beobachtet wurde. Es war ein Spanier. Diese waren dafür bekannt, sich Urlauberinnen zu angeln, um mit ihnen eine gute Zeit zu verbringen. Johanna sah gut aus, hatte eine ansehnliche Figur und war allein unterwegs. Sie hatte diese Aktion des Spaniers lange beobachtet und als es ihr zu aufdringlich wurde beschloss sie, das Feld zu räumen. Sie war schon fast am Zusammenräumen, als sich zwei Herren in ihr Blickfeld schoben. Diese, so stellte sich heraus, beobachteten schon länger das Procedere und meinten, Johanna behilflich sein zu wollen. Sie gesellten sich mit ihrem Bocciaspiel zu ihr, in unmittelbare Nähe, und schnell entspann sich zwischen den Dreien ein Gespräch. Die Männer berichteten, woher sie kamen, dass sie Hans und Hubert heißen. Was Johanna schnell darauf schließen ließ, dass sie so richtige Bayern waren. Und auch Johanna erzählte von sich. Während der angeregten Gespräche stellte sich heraus, dass Hans und Hubert einen Ort kannten, in der Region, in der Johanna lebte. Er hatte eine Weiterbildungsstätte der Berufsfeuerwehr. Beide Herren verweilten für längere Zeit dort, zu einer Weiterbildung. Es war sehr entspannt und sie lachten viel. Zwischen Ost und West gab es noch einige Hürden zu nehmen, das stand fest. Dennoch, sie alle waren Menschen mit Gefühlen und Emotionen. Johanna erhielt von Hans eine Einladung für den Abend. Johanna überlegte, was sie tun sollte. Ach, sagte sie sich, wenn ich schon eingeladen bin, gehe ich so, in diesem Strandoutfit mit, egal. Sie lernte auch den Rest der Truppe kennen. Fröhliches Geplapper und ein gemeinsamer Umtrunk, machte alles noch lockerer und entspannter. Johanna war die einzige Frau in der Männerrunde und war erstaunt, so wie sie war, angenommen worden zu sein. Hans bemühte sich sehr um sie und sie gingen beide allein ihren Weg an diesem und ankommenden Abenden. Beide lernten sich kennen und erzählten aus ihrem Leben. Hans war 20 Jahre älter als Johanna. Das störte sie nicht im Geringsten. Auch er genoss die junge Frau an seiner Seite. Hans war attraktiv und verwöhnte Johanna auf eine Art, die sie so noch nicht erlebt hatte. Mit der Offenheit und Herzlichkeit der Männer, die sie bisher kennengelernt hatte, hatte das wenig zu tun. Er konnte sie mit Worten umgarnen und seine Augen waren wunderschön. Hans roch so fantastisch, dass es ihr fast den Atem verschlug. Er sah fantastisch aus, attraktiv und elegant gekleidet, wenn sie unterwegs waren. Johanna ließ sich ein, auf das Abenteuer Leben und genoss jede Sekunde, die sie mit diesem Mann zusammen sein konnte. Und das sollte die nächsten Tage so sein. Sie kamen sich sehr nahe und liebten sich zu jeder Gelegenheit, am Strand, in den Dünen. Sie gaben sich hin und vertrauten einander. Hans holte sie ab und sie gingen in einsame Restaurants, am Strand, essen. Blickten in eine Richtung, über das glitzernde Meer. Johanna machte sich hübsch, nur für ihn, und ihre Freundin half ihr bei dem einen oder anderen Outfit. Sie lächelte Johanna an und sagt: „Du hast dich verliebt?" Ja, das hatte Johanna. Sie war verliebt, bis über beide Ohren. Und das was sie fühlte, an Nähe, Wärme, Geborgenheit und Zärtlichkeit, hatte sie so noch nicht erlebt. Hans füllte alle ihre leeren Speicher auf. Er berührte sie in einer derart erfüllenden Art und Weise, dass ihr der Atem stockte. Johanna erfuhr was es heißt, loszulassen, sich hinzugeben, den Kopf auszuschalten. Es durchströmte beide vor Lust. Und sie liebten sich, ohne nach dem Morgen zu fragen. Er ließ sie erfahren, sie vor Begierde aufbäumen. Durch Hans lernte Johanna nicht nur die Liebe neu, auch die Insel kennen. Schöne Buchten erlebten beide, in Stille und Einsamkeit, ohne voneinander lassen zu können. Die kulinarischen Genüsse beflügelten beide. Sie erlebten im Innen wie im Außen. Die Zeit rann dahin, ohne dass Johanna sagen konnte, wann ein Tag begann und wann er endete. Sie lebten und erlebten, als gäbe es weder gestern noch morgen. Was zählte war nur das Jetzt. Heute, mit dem Abstand von Jahren weiß Johanna, dass diese Urlaube so nährend waren, dass sie immer noch die Bilder aus ihrer Kiste holt und liebevoll betrachtet. Die unbeschwerten Tage auf der Sonneninsel, konnten das Nordlicht, wie er sie liebevoll nannte, und er, in Deutschland, nicht fortführen. Jeder entschwand in sein Leben. Beide blieben in engem Kontakt und planten für sich ihr nächstes Wiedersehen. Nur manchmal, wenn es sich planen ließ, sahen sie sich in Deutschland. Aber ihre Insel blieb ihr Domizil, ihr Liebesnest. Lange Jahre trafen sie sich dort und es war zu jedem Zeitpunkt so, als hätten sie sich nie verloren, als lägen zwischen ihnen nicht all die Kilometer und Monate, in denen sie beide sich auf ihre Insel sehnten. Johanna war an dieser Zeit gewachsen und ist unendlich dankbar dafür. Hans ist nicht mehr am Leben. Ein tragischer Unglücksfall hat ihn aus dem Leben katapultiert. Johanna trägt ihn in ihrem Herzen. Denn er hat dort seine Spuren hinterlassen.

beschäme ich dich

mitnichten

berühre mich

kreiere Bilder

entsprungen

aus deiner Fantasie geboren

zeichne Konturen

mitten auf meinen Körper

zier dich nicht

sieh mich an

ich gebe mich hin

lasse mich fallen

verlange nichts

erwarte nichts

der Kopf ist Standby

dein Atem streift meine Brust

ich kann dich riechen

welch betörender Duft

ich schmecke dich

mein Verlangen wächst

es ist nur eine Frage der Zeit

was gibst du mir

alles und nichts

bebende Körper

überzogen von einem Hauch

Feuchtigkeit

ich berühre dich

ein Genuss

jede deiner Poren ist mein

jeder Teil deines Körpers

für diesen Moment

in Ekstase

alle Hüllen sind gefallen

für diesen einen Augenblick

nimm mich

jetzt

meine Schenkel umschließen

deinen Leib

Mann

sei Mann

Frau

sei Frau

dem Genuss willig ergeben

Funkenregen

ich will dich

ich habe dich

in mir

und er kommt

der Punkt

an dem das Spektakel

den Gipfle erreicht

Farbexplosionen

wild und unbändig

zügellos

wie du

und ich

Welch sanfte Stille.

Hier und da funkelt ein Stern durch die Wolken.

Kein Laut ringsum,

kein Lüftchen weht.

Der Tag wagt es noch nicht,

aus der Dunkelheit zu treten.

Die Unendlichkeit bleibt meinem Auge verborgen.

Was macht mich glücklich?

Ist es, keinen Hunger zu haben, ein Dach überm Kopf, mich kleiden zu können, Essen im Kühlschrank, einen Job? Wenn ich mein Sein, in diesem Moment, betrachte, bin ich reicher als manch anderer auf Mutter Erde. Ich könnte zufrieden sein. Und dennoch macht sich Leere in mir breit. Ich weiß genau, mit Haben wollen, Konsum, lässt sich diese Leere nicht füllen. Konsum führt eher zu innerer Leere. Ich lenke mich von mir ab und versuche, mit Dingen im Außen, meine innere Leere zu füllen. Eine Art Befriedigung? Wie lange hält das Hochgefühl an, wenn ich mir etwas gegönnt habe, das ich zum vermeintlichen Objekt meiner Begierde gemacht habe? Nicht lange, es verpufft schneller, als ich es bewusst wahrnehmen kann. Und dann visualisiere ich schon das Nächste und Nächste...um mir das Gefühl von Haben zu geben. Lerne ich, das Haben von dem zu trennen, was ich wirklich benötige könnte ich erkennen, dass es Haben gibt, um meine Grundbedürfnisse zu befriedigen. Alle weitere haben wollen dehnt sich auf Bereiche aus, die in diesem Sinne Nicht besessen werden können, Menschen, Gefühle, Gedanken, Liebe...

Über den Wolken....

muss die Freiheit wohl grenzenlos sein?

Ich träume mich über die Wolken,

die fluffig,

weißen Formationen...

die strahlende Sonne... der blaue Himmel...

Und fühlen die Weite und Unbeschwertheit des Seins.

Ich frage mich, was der Mensch sich,

jenseits dieser Weite und Freiheit, antut?

Wohin habe ich meine Macht abgegeben?

Andere bestimmen über mich,

was ich zu tun und zu lassen habe,

wen ich in den Arm nehmen darf und begegnen.

Und dennoch wende ich mein Gesicht in die Sonne,

dem goldenen Licht zu,

erhebe den Blick und bin in meiner Kraft.

Ich gebe mein Licht und meine Kraft ins Universum,

dass es sich mit dem Leuchten all der Menschen verbindet,

die es mir gleichtun.

Das Gefühl von,
Zuhause ankommen,
kannst du nicht im Außen finden.
Nichts Materielles
oder Geografisches kann dir dabei helfen,
dein Zuhause zu finden.
Dein Herz und dein Anker,
der tief in deinem Bauch sitzt,
die vermögen es.
Spüre in dich hinein!
Erinnere dich!
Du wirst feststellen,
dass es schon immer da war,
dein Zuhause.
Du hast es nur vergessen.
Deine Suche wird beendet sein,
wenn du dein Zuhause in dir fühlen kannst.
Und dann ist es egal,
an welchem Ort du lebst.

von Anbeginn der Zeit
sein Können
eröffnet sich dir
Schritt um Schritt
Feuer
Wasser
Erde
die Natur
die Elemente
der Mond
oberster Herrscher
er gebietet
mit Sanftheit
Nachsicht
Kraft
er weiß um sie
du um deine auch
Zyklen
bestimmendes Leben
deines
meines
lass ihn gewähren
nimm an
stemme dich
nicht

dagegen
schwimme im Fluss
der Gezeiten
begib dich
in seinen Bann
du kannst nichts ausrichten
nutze sein Wissen
für dich

Anekdoten des Lebens, angefüllt von Reichtum und Leere.

Manches ist dem Weltlichen entrückt, zaubert, verzaubert, entzückend dargestellt.

Sehe ich mit wachem Geist und klarem Verstand, kann ich sehenden Auges durchs Leben gehen.

Ist da dieser verschleierte Blick, dem weltlichen entrückt, verschwimmt alles Reale zu einer breiigen Masse.

Das Hirn ist aufgeweicht und denkt nur noch in Fetzen, zusammenhanglos. Das Herz ist offline.

Dem Mund entfliehen keine Worte, Geschwafel eher.

Alles ist in einzigartiges Licht getaucht.

Es kommt mal gleißend hell daher, um sich augenblicklich in Düsternis zu verwandeln.

Verschwommenes offenbart sich nicht.

Die Welt ist nicht mehr das, was sie einmal war.

Im Taumel des Moments wandert ein Wesen, schemenhaft.

Zu einem Zombie mutiert, sucht sich.

Es findet sich nicht, läuft an sich vorbei.

Unfähig zu sehen, was ist, unfähig zu hören, was ist.

Voller Adrenalin, von Gefühlen aufgepeitscht, dem Sein entrückt.

Im Außen hat sich die Welt verändert.

Akzeptanz?

Fehlanzeige!

Kopfschütteln, versuchtes Verstehen.

Dennoch, alles im Leben hat seinen Sinn.

Auch, dass du so bist, wie du jetzt gerade bist.

Ganz sacht ergraut sie, die Nacht. Sie trägt ihr Gewand. Am Himmel verhangen, wie ein dicker Vorhang, die Wolken. Sie trotzen der Nacht, weichen nicht. Still hängen sie sich aus. Das Meer schert es nicht, was über ihm geschieht. Es hat mit sich zu tun. Still ruht es. Die Oberfläche glatt wie ein Spiegel. Am Horizont ist noch nicht auszumachen, was Himmel und was Meer ist. Einzig Lichter, die hier und da aufblitzen, zeigen es, was Himmel und Meer trennt. Es spielt auch keine große Rolle, ob es zu sehen ist. Alles kommt zu seiner Zeit. Der Tag bereitet sich vor, kramt in Kisten und Schränken. Zerrt eines heraus, legt anderes zurück. Was wird er heute kreieren? In seiner Macht liegt die Entscheidung. Sicherlich steht einiges an. Er hat keine Eile. Nichts und niemand drängt ihn. Gefunden hat der Tag, wonach er suchte. Die Liebe und umarmt, ein letztes Mal, die Nacht.

zeitlos
ohne Wollen
einfach so
hineingestiegen
in Kahn
stabil
die Segel straff
Wind
weht leicht
ferne Welt
ich finde dich
nicht jetzt
nicht gleich
vertraue drauf
es kommt der Tag
da komm ich an
mein Hafen
verlässlich
sicher
voller Liebe

im Theater der Welt
am Nabel der Erde
Bänder
voller Energie
verwoben zu einem Netz
mittendrin
du und ich
eingesponnen
geben und nehmen
mit offener Hand
Herzen
voller Wärme
Achtsamkeit
Zuversicht
Verlässlichkeit
im Sog des Universums
offenbart sich
lang verstecktes
verhohlen liegt es
blinzelnd
dem Licht gewahr werdend
Neid
Gier
Macht
Trennung
nicht nur im Kopf
in den Herzen

lass dich einfangen

Hüterin des Netzes

sieh hin

fühle

gebiert dich neu

befreie dich

lebe dein Leben

tanze deinen Tanz

jetzt

Ich bin in meinem Leben, bewusst gewählt, nach dem Ebenbild Gottes erschaffen. Er fährt er durch mich! Ich habe keine Angst mehr vor meinem Leben. Lange war ich in dieser Angst. Ich verstehe jetzt, worum es geht. Um mich, nur um mich, um niemanden sonst. Und das ist so genial, es ist das, was ich jetzt endlich verstanden habe.

Nur durch mich, dass ich mich bewusst sehe und liebe, mich anlächle und alles, wirklich alles, bedingungslos annehme. Meine Feinfühligkeit und gut ausgeprägte Intuition, zeigen mir den Weg.

Ich habe all meine Ahnen hinter mir, sie unterstützen mich, stehen mir aber nicht im Weg, sie begleiten mich. Wir sind alle energetisch verbunden.

Ich verneige mich vor meinen Brüdern, die vor mir gegangen sind. Ich bin nicht daran schuld, obwohl ich das lange Zeit glaubte. Ich liebe euch beide, verneige mich tief vor euch und vor mir, vor meinem wahren Selbst. Ich bin ich, zu jeder Zeit, mit jeder einzelnen Zelle meines Körpers. Ich kann fühlen und hinschauen, mich mit Menschen umgeben, die mich nähren, mir nicht die Kraft nehmen.

Mit der Liebe zu mir, zieht auch die Liebe in mein Leben. Dann funktioniert es auch mit der wahren Liebe, dem Menschen zum Anlehnen, zum Berühren, zum Küssen... und der da ist, wahrhaftig. Innen wie außen.

Auf dem Weg zu mir, so weiß ich jetzt, kann ich immer um Hilfe bitten, kann ich zu jeder Zeit sagen, was mich bewegt, mich anschauen und wahrnehmen, fühlen. Darum geht es. Nicht um das, was im Kopf abgeht. Das ist egobasiert. Meine wahre Essenz ist Liebe.

Konturen

Weite

Raum

Schwingungen

Augenblick

Energie geladen

Aufweckend

pulsierend

keine Worte

unnötig

Empfindungen

Auren wabern

ineinander

fließend

rings rum

Leere

Verzückung

verschmelzen

und vergehen

umwoben

vom Netz

der Begierde

sich lösen

und dann

aufatmen

nicht loslassen

noch nicht

kosten

auskosten

den Moment

Wellen reiten

Lust zulassen

mitreißen

einzigartig

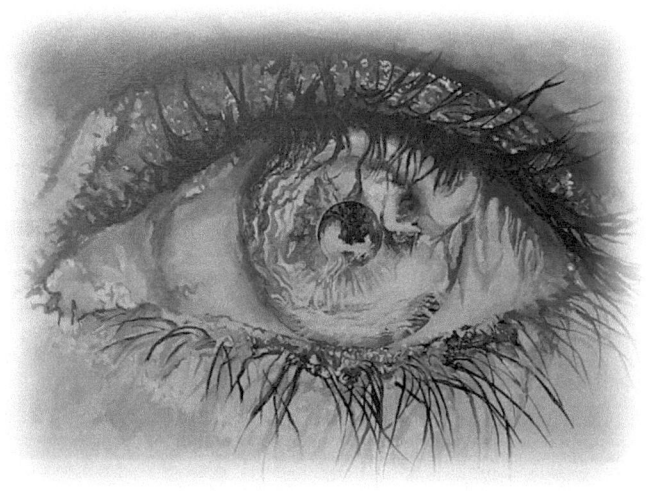

Was immer diese Rose auch bedeutet. Es fühlt sich nach Abschied an. Abschied von einem geliebten Menschen. Ein Abschied aus dieser Welt, ohne Rückkehr. Ich berühre sie nicht. Sie ist für jemand anderen gedacht. Dort lag sie, am Ufer des Meeres. Auch weiß ich nicht, von welchem Punkt aus sie ihre Reise angetreten hat. Vielleicht ist sie, von einem Kahn aus, hinausgeworfen worden, mit einem stillen Gruß, getränkt in Tränen des Schmerzes. Wie oft die Rose geküsst wurde, um diese Küsse weiter zu tragen, ich weiß es nicht. Gewiss ist, sie hat den Empfänger erreicht. Ihre Energie hat die tiefen des Meeres berührt, dort, wo einst die Asche übergeben worden ist. Liebende vergessen nicht, sie erinnern sich, leise und voller Dankbarkeit. Sie erinnern sich der Spuren, die der einstige Gefährte in ihrem Herzen hinterlassen hat.

geschlagene Schlachten
vermeintlicher Kampf
wer bleibt auf der Strecke
zu Ende die Kraft
der Recke
der Hüne
die Maid
junge Frau
vergebens die Zeit
s'ist
wie's ist
Gefühle erlegt
im Zweikampf getötet
zertrampelt
ewig
dass Hin und das Her
da hocken sie beide
sind sich noch ganz nah
die Seelen verwundet
nicht besser gewusst
im Leben gefangen
ein jeder in seinem
ein kurzes Hallo
mehr kann es nicht geben
leckt sie sich die Wunden
klebt Pflaster darauf
ihm geht's nicht viel besser

die Haut ist zu enge

er kann nicht hinaus

ein jeder

am Abzweig

des Lebens

er steht

und zieht seiner Wege

entgegen der Richtung

der Blick

über Schultern

der letzte

zurück

sagt er nun

eindeutig

s'war schön

das Gefühl

der Freiheit und Liebe

danke an dich

von Herzen

ein Hauch

sie heben die Hände

good bye sagt sie stille

die Spuren

sie bleiben

und weiß

nun ist's gut

Wie dehnt sich die Dunkelheit aus?

Mit einem Keuchen und Ächzen.

Es hört sich an, wie die Planken eines morschen Kahns.

Wohl weißlich, des Lichts,

dass die Dunkelheit hinwegfegen wird.

Das Aufbäumen hat ein Ende.

Denn alles, ich sage dir alles, wird ins Licht gehen.

Es wird viele der Lüge strafen, des Verrats

und das Bringen des Todes.

Nichts im Universum bleibt ungesehen und ungestraft.

Gott straft uns Menschen nicht.

Das, was du einst sätest und nun zu ernten wünschst,

entstammt deine Gedanken, deinen Gefühlen, deinen Handlungen und

deinen Worten.

Gott erfährt durch jeden einzelnen von uns.

Das Unheil trägt jeder für sich. Auf seinen Schultern.

Nur du kennst die Größe dessen, was sich auf deinem Buckel befin-

det.

Leere das Vehikel!

Lass das Licht durch dich hindurchfließen.

Es füllt deinen Körper aus.

Durch deine Krone am Haupt, durch deinen Körper hindurch, bis es

aus deinen Füßen, in Mutter Erde, dringen kann.

So verbinden sich alle Lichtwesen.

Und? Bete...

Der Bezug zum Jetzt ist unverkennbar.
Es schreibt eine Geschichte des Umbruchs.
Dass Neues entsteht,
ist unbestritten.
Das Alte darf gehen...
Lebe wohl, sage ich,
hör auf mit dem Gezeter.
Deine Tage sind gezählt.
Ich sehe das Licht.

Ich spreche aus, was mich im Herzen bewegt.
Das Leben findet jetzt statt.
Nicht gestern, nicht morgen.
Genau in diesem Moment.
Worauf soll ich warten?
Auf einen passenden Augenblick?
Den gibt es nicht.
Ist denn nicht jeder Augenblick der passende Augenblick?

Auf eine Portion Mut?
Die gebe ich mir selbst.

Soll ich warten,
bis die Gelegenheit günstig ist?
Hast du je in deinem Leben eine günstige Gelegenheit erlebt?

Wow,
Ich spreche aus, was mein Herz bewegt.
In diesem Moment.
Welch Befreiungsschlag,
Pauken und Trompeten,
ein ganzes Orchester.
Ich fühle mich leicht und frei und weiß,
das ist mein passender Augenblick.

Berührung

Berührung

Berührung

Ich öffne mein Haus für jedwede Berührung.

Die Fenster weit geöffnet,

scheue ich keinen Blick von außen.

Ich fege mein Haus,

kehre den Boden

und jeden Winkel,

befreie es von Spinnweben.

Vom Keller bis zum Dach.

Altes Zeug kehre ich zur Tür hinaus.

So entsteht Platz für Neues,

Platz für Veränderung,

Klarheit.

Lichtdurchflutet steht es da.

Und ich kann sehen und fühlen,

was zuvor im Verborgenen lag.

Stoisch trete ich ein,

in mein Haus.

Breite meine Arme aus,

wie der Adler seine Schwingen.

Bereit und mit einem kräftigen „JA", zu mir.

Funken sprühen
Engel singen
meine Augen
nass von Tränen
mein pochendes Herz
lieblich erklingt der Lärche Gesang
lauschend
lächelnd
der Fülle gewahr werdend
fühle ich mich
Was fehlt mir zum glücklich sein?
In diesem Moment?
Nichts

Sanft geküsst
in tiefem Schlaf
gebettet
verführerisch
entführt
zugleich
in schemenhafte Welten
mit nichts
sie zu vergleichen sind
in Form und auch Gestalt
schnappe nach Luft
Atem geht rasch
beraubt mich
meiner Sinne
nackt
und unverhüllt zugleich
genieren
zieren
doch nicht hier
die Welten sind entrückt
empfange alles
nichts ist hier
nur annähernd
fehl am Platze
gesucht
gefunden
zeige mich

so wie ich bin

wahrhaftig

möchte verführen

und unverhohlen

ehrlich sein

dazu

denn Hände

kennen ihren Weg

wohl gänzlich

ohne Schranken

Münder sind es

weich

warm

satt

sie haben sich gefunden

innig wiegen

sie im Takt

die Körper zweier Menschen

zart komponiert

und aufgeführt

die Seelenmelodie

in Noten

und Nuancen

die

ihnen eigen

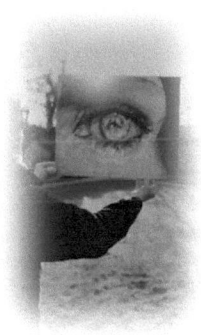

... **d**er Mantel,
die abgewetzte Schwarte
so schwer und muffig
weit weg habe ich das Teil geschmissen
in so einem hohen Bogen,
dass ich schallend gelacht habe,
bis die Tränen liefen...
Was habe ich für Kraft!

ich weiß nicht, sagt der Verstand
ich fühle aber, sagt das Herz
ich benötige Ruhe, rebelliert der Kopf
ich schalte ab, sagt das Gehirn
ich sehe nicht hin, ereifern sich die Augen
ich bin wirklich steif, meint der Hals
ich halte es nicht mehr aus, sagen die Hände
ich werde noch so richtig sauer, tönt der Magen
ich bin müde, gähnt der Darm
ich bin völlig überlastet, sinniert der Rücken
auf meine Schultern passt kein Rucksack mehr
Und was sagst du, wenn dein Körper rebelliert?
Ich mache weiter, es geht immer noch ein bissel was?
So lange, bis nichts mehr geht...

Regen, ein Chor leiser Sänger.
Tropfen für Tropfen,
kleine Virtuosen.
Sie wissen genau,
welch Melodie ihr eigen ist.
Das Konzert hat begonnen.
Ich lausche dem Gesang.
Und kann hören,
dass sich die Natur vereint.
Sie weiß um ihr Zusammenspiel.
Das Rascheln der Bäume.
Angeregt durch den Wind.
Er ist ihr Dirigent.
Auch die Vögel stimmen in den morgendlichen Gesang ein.
Wundervoll, Mutter Natur.
Einzigartig, wie du und ich.

Lass dich necken,
sagt die Sonne.
Ich berühre dich zärtlich.
Hörst du meine Schalmeien,
ihren lieblichen Gesang?
Sie begrüßen dich,
den neuen Tag.
Meine Wärme liebkost deinen Körper.
Lass dich von mir umarmen.
Deine Gedanken fliegen,
wie die kleinen Mauersegler,
mal hier hin,
mal dort hin.
Spürst du die Leichtigkeit des Seins?
Ich halte deine Hände,
wie ein guter Freund,
den du schmerzlich vermisst hast.
Und sacht,
ganz sacht entführe ich dich in eine Welt,
außerhalb deiner Vorstellungskraft.
Bist du bereit?
Träume dich in deinen Tag...

Es ist niemals zu spät mit dem Träumen zu beginnen.

Ich hatte es auch verlernt...

Und jetzt, wenn ich mit meiner kleinen Ulrike zusammen bin und sie

mich lehrt, dass Träumen etwas Wundervolles ist,

öffnet sich von allein mein Herz und alles strahlt in bunten Farben.

Ich habe mich darauf eingelassen.

Und das ist mehr als ein Lächeln.

Es ist Magie, Zauberei, Elfentanz und Verzückung zusammen.

Ein Meer aus Sternen und bunten Blitzen.

Zeige mir dein leuchtend Antlitz
her mit deinem Licht.
Lass mich Teilhaber sein.
Gib mir von deiner Zuversicht
 und streich mir sanft übers Haar.
Ich bin gewillt dich anzunehmen.
Das Teilen bekommt mir gut.
Ich bitt dich, gib mir von dir.
Leben...
Ich schreite in den Tag.
Die Arme weit geöffnet.
Mein Aug kann sehen, was ist.
Und nicht, was es sehen soll.
Mein Ohr kann hören, was ist.
Und nicht, was es hören soll.
Und Ich bitte um das,
was in diesem Moment wichtig ist.
Für mich.
Eine Erlaubnis?
benötige ich nicht.

Wenn du deinem Herzen folgst und das tust, was dir in diesem Leben wichtig ist, lässt du dein eigenes Licht leuchten. Du könntest andere Menschen inspirieren, auch ihrem Herzen zu folgen. Sie nehmen bewusst oder unbewusst dein Licht wahr, deine Energie. Jeder Mensch ist pure Energie. Alles was du denkst, sagst und tust, hat eine Frequenz. Die hochschwingend sein kann oder auch niedrig schwingend. Wende dich den Menschen zu, deren Energie dich anzieht. Fühle dich dabei, werde still und lausche deiner inneren Stimme. Sorge für dich. Jetzt, in jedem Moment. Und alle anderen belasse in ihrem so – sein. Du allein entscheidest, Tag für Tag, jetzt!

„Geduld ist ein Baum mit bitteren Wurzeln, der süße Früchte trägt", sagt ein persisches Sprichwort.

Ungeduld. Hinter diesem Wort versteckt sich oft ein Gedanke des Mangels. Sätze beginnen ganz oft mit den Worten: „Ich sollte... Ich müsste..." Worte als Druckmacher, denn genau so fühlt es sich an. Worte haben eine enorme Energie und Macht. Und oft, sogar in den meisten Fällen, werden sie in völliger Unbewusstheit ausgesprochen. Sie können Stress verursachen und Krankheiten können die Folge sein. Sind Krankheiten die Folge, beginnt der Kampf. Schnell sollen diese Krankheiten wieder verschwinden. „Ich will sie loswerden." Und da liegt die Aufgabe, in der Ungeduld. Pillen werden eingeworfen und alle sinnigen und unsinnigen Geschütze aufgefahren. Es könnte sein, dass sich die Symptome zurückziehen und vorerst in der Versenkung verschwinden. Doch nicht um dort zu bleiben. Nein, sie holen sich Verstärkung und kommen mit aller Macht zurück. Mein physischer Körper, mein Vehikel in diesem Leben, ist sehr intelligent und vergisst nicht. Und mit voller Wucht stellt mir mein Körper die nächste Aufgabe zur Verfügung. Nun fordert er mich eindringlich auf: „Sieh hin! Fühle! Nimm dich wahr!"

Das anzunehmen, was gerade ist, könnte ein wesentlicher Schritt zur Veränderung des Zustandes sein, in dem ich mich gerade befinde. Ich erinnere mich, Verantwortung für mich zu übernehmen. Und sage bewusst JA, zu mir. Ich habe zu jedem Zeitpunkt die Wahl, entscheide mich neu, ändere die Richtung, gehe einen neuen Weg. Das ist Transformation. Nicht wegmachen wollen, ist hier die Devise. Sondern Annahme, Akzeptanz, Mut und Entschlossenheit und der feste Wille, etwas verändern zu wollen. Und wenn du auf der Stelle trittst, scheue dich nicht, um Hilfe zu bitten. Um Hilfe zu bitten ist keine Form von Schwäche, sondern zeugt von enormer Stärke.

Sacht löst sich eine Träne aus meinem Auge.

Sie findet ihren Weg,

von allein, durch dichte Wimpern,

um zeitlos an meiner Wange hinabzurollen.

Sie ist der lautlose Begleiter der Liebe.

Mit geschlossenen Augen sitze ich da.

In der Stille der Meditation begegne ich meinem wahren Selbst.

Bilder zeigen sich vor meinem geistigen Auge.

Wow, welch wundervolle Gestalten.

Engel des Lichts.

Sie schweben dahin.

Und siehe da, die Unendlichkeit des Seins.

Ich tauche tief hinein,

frei von Zeit und Raum.

Eine göttliche Verheißung.

Ohne Angst,

ohne Einschränkung,

voller Zuversicht.

Mittendrin.

Und ich erfahre,

dass alles im Leben einem Plan folgt.

Meine Seele kennt den Weg.

Es liegt nur an mir, ob ich ihrem Ruf folge.

Und das kann ich, ganz bewusst, entscheiden.

Meine Inspiration zur Transformationswoche, November 2019, Timmendorfer Strand.

16:30 Uhr...

Nun Sitze ich hier, in meinem Appartement.

Die Transformationswoche ist zu Ende, das Mittagessen fast verdaut.

Ein Käffchen? Ja, der steht vor mir und tut mir so unendlich gut.

Ich habe mir ein Licht entzündet. Leise flackert die Kerze vor sich hin. Alles gibt mir, in diesem Moment, das Gefühl von Wärme, Geborgenheit und mein Körper ist entspannt und weit.

Ich fühle keinen Druck, keine Hetze.

Wenn ich so über den Tisch schaue, was für eine Ausbeute. Wow, jede Menge Inspirationen.

Was stelle ich mit all dem an? Wie geht es weiter? In diesem Moment habe ich keine Ahnung.

Was ich dennoch mit Bestimmtheit weiß, dass diese Woche meine ureigenste Erfahrung ist, die ich mit mir und meiner kleinen Ulrike teile.

Ich kann es nur jedem von Herzen empfehlen, nutze die Möglichkeit für deine Transformationswoche. Jeder darf seine Erfahrungen selbst machen. Denn meine, gehören mir und deine dir.

Fasse deinen Entschluss! Öffne dein Herz für dich und das Kind in dir. Das kannst nur DU für DICH tun! Wenn du für dich Frieden, Fülle, Freiheit und Liebe wählst... bitte schön...nur zu, TU es!

Es ist nie zu spät die Richtung zu ändern, ganz egal wie alt du bist. Es liegt nur an dir.

Ich kann dir gerne erzählen, wo du den Schlüssel zu diesem Tor finden kannst. Aufschließen, hindurchgehen, deinen Weg gehen, das kannst nur du allein. Ich weiß welchen Weg ich gehe und wenn du magst, du dich für deinen Weg entschieden hast, freut es mich sehr, wenn sich unsere Wege kreuzen. Wir könnten Erfahrungen austauschen oder uns einfach in den Arm nehmen.

Auch ein tiefer Blick in deine Augen, das Tor zur Seele, kann so vieles, so viel mehr sagen als 1000 Worte es vermögen. Ich wünsche dir Kraft und Liebe für deinen Weg, von Herzen...

Der Nebel umhüllt die Sonne.
Sein Schleier schimmert.
Er ist ihr stiller Gefährte und Liebhaber an diesem Morgen.
Er streichelt sie sacht, umgarnt sie.
Die Sonne nimmt ihn willig an und lässt ihn gewähren.
Ein Seufzer verlässt ihre Kehle.
Der Sonne gefällt, wie der Nebel sie fest umschließt.
Sacht,
sacht liebkost sie ihn, flüstert ihm zu:
„Geliebter, bald lasse ich dich los.
Die Kraft meiner Wärme wird stärker.
Du wirst verbrennen...
Eines ist gewiss und das sage ich dir geradeheraus.
Du hast deinen Platz an meiner Seite,
zu jeder Zeit.
Verbrenne dich nicht an meiner Glut."
Sieh, wie er sich von ihr entfernt...
zögert es hinaus...
Adieu Geliebte, auf bald!

Was macht mich glücklich?

Ist es, keinen Hunger zu haben, ein Dach überm Kopf, mich kleiden zu können, Essen im Kühlschrank einen Job? Wenn ich mein Sein, in diesem Moment, betrachte, bin ich reicher als manch anderer auf Mutter Erde. Ich könnte zufrieden sein und dennoch macht sich Leere in mir breit.

Ich weiß genau, mit Haben wollen, Konsum, lässt sich die Leere nicht füllen. Konsum führt eher zu innerer Leere. Ich lenke mich so von mir ab und versuche, mit Dingen im Außen, meine innere Leere zu füllen. Eine Art Befriedigung?

Wie lange hält das Hochgefühl an, wenn ich mir etwas gegönnt habe, das ich zum vermeintlichen Objekt meiner Begierde gemacht habe? Nicht lange. Es verpufft schneller als ich es bewusst wahrnehmen kann. Und dann visualisiere ich schon das nächste und nächste, um mir das Gefühl von Haben zu geben.

Lerne ich, das Haben von dem zu trennen, was ich wirklich benötige, könnte ich erkennen, dass es Haben gibt, um meine Grundbedürfnisse zu befriedigen.

Alles weitere Haben wollen dehnt sich auf die Bereiche aus, die in diesem Sinne nicht besessen werden können: Menschen, Gefühle, Gedanken, Liebe.

Ich bin still,
wenn mir gerade nicht nach reden zumute ist.
Ich bin faul,
wenn sich mein Körper nach Ruhe sehnt.
Ich bin mit mir,
fühle die Fülle der Leere
und nehme sie an.
Ich verschiebe auf morgen,
was für mich in diesem Moment nicht stimmig ist.
Ich gehe an Menschen vorbei,
die mir meine Energie rauben.
In Gedanken wünsche ich ihnen Liebe.
Ich bin im Alten und Vertrauten,
wenn mein Sinn nicht nach Neuem strebt.
Ich bin wie ich bin...
Ich bin genug...
In jedem Moment.

Achtsamkeit...

Ist in diesen Tagen mehr als angezeigt.

Denn es tobt ein eisiger Sturm, eingebettet in Angst.

Ich bewege mich behutsam, achte auf jeden Schritt.

Ich schaue mich um.

Meine Gedanken, wie leicht fällt es mir, in der Liebe zu bleiben?

Wie leicht fällt es mir, mein Leuchten nach außen zu tragen?

Ich öffne die Jalousien vor meinem geistigen Auge.

Ich sehe und fühle und weiß, tief in meinem Innern.

Meine Kleine greift meine Hände und zieht mich hinaus auf eine grüne
Wiese, voller leuchtender Blumen.

Die Sonne steht hoch und wärmt uns...

ZUVERSICHT,

aus meiner

ACHTSAMKEIT

genährt.

der Wind...der Wind
das himmlische Kind
er weht um alle Ecken
lässt sich nicht bändigen
in einen Käfig sperren
trotzig und voller Kraft
so scheint es
bäumt er sich auf
lässt nichts an seinem Platz
der Wind
mal seicht
mal voller Wucht
jetzt gerade
eine Atempause
Schwung holend
ist er präsent und zeigt mir
was er alles kann
er kann liebkosen
verwandeln
sogar zerstören
und
er ist immer da

Denke ich an dich,
beginnt es in mir zu pulsieren.
Mein Herz klopft und
Hormone fluten meinen Körper.
... interessant...
Lange Zeit war ich abgeschnitten von diesem Gefühl.
Das Feuer,
bisher auf kleiner Flamme,
bekommt Nahrung.
Hitze steigt in mir auf.
Mein Inneres brennt lichterloh.
Ich glühe...
Für dich!
Schau in meine Augen,
in mein Herz.
Kannst du es sehen?
Das Feuer in mir,
dass du entfacht hast?

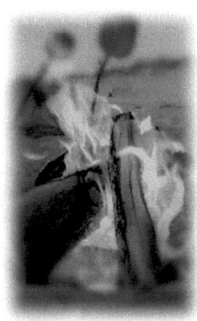

Was bewegt die Menschen?

Welch waghalsige Zeit. Eine Zeit, die das Rebellische auf den Plan ruft. Eine Zeit, die mich ausbrechen lässt. Nicht darauf achtend, welche Strafen mich erwarten könnten, was es bringen könnte, an Verurteilung. Eine Zeit, die so viel Angst in den Menschen, bis jetzt, geschürt hat und weiterhin schüren wird. Eine Zeit der Zweiteilung, des Auseinanderbrechens von Familien, Freundschaften, Beziehungen. Was bewegt die Menschen, sich dem Auferlegten zu fügen, ohne zu hinterfragen? Ist das, was ich sehe, höre, denke, fühle und tue wahr? Eine Zeit, die nach Größenwahn schreit, nach Leben, nach Atmen, nach Freiheit.

Angespannt sitze ich vor meinem Laptop. Was soll ich tun? Ich überlege fieberhaft. Doch an klare Gedanken komme ich nicht heran, Entscheidungen sind nicht möglich. In meinem Innern Leere. Nur der Kopf ist momentan derjenige, der das Zepter schwingt. Nicht mehr als geistige Erquickung anzusehen, eher aus dem Unterbewusstsein aufsteigend. Es gibt so viele Verbote und Regeln, die ich, von Seiten des Staates, auferlegt bekommen habe. Alles, was getan werden sollte, dem sind die Menschen nachgekommen und noch viel mehr. Vertrauensselig und ahnungslos folgten sie der Aufforderung zur Massenimpfung. Immer im Hinterkopf, der Staat wird schon gut für mich sorgen. Wie es für den einzelnen verlaufen würde, bleibt abzuwarten. Denn die Impfstoffe sind nicht erprobt und es gibt keinerlei Studien dazu. Nie in meinem Leben konnte ich derlei Angst wahrnehmen, wie bei einer Massenimpfung, von 60 Menschen. Innerhalb von 2 Stunden und 30 Minuten war es „erledigt". Haken dran, die nächsten bitte. Es gab keinen Spielraum für Fragen. Vorerkrankungen spielten keine Rolle. Die Nadel wurde erbarmungslos in den Armen eingebracht und der Cocktail fand seinen Weg, in das tiefste Innere des Menschen, bis in jede der 80 Billionen Zellen. Es ist beängstigend und furchterregend zugleich.

Ich habe mich von Anfang an gegen diese Impfung entschieden. Etwas das ich, unabhängig von der allumfassenden Weisheit der Behörden und der Medien, tat. Meine, tief in mir verankerte Intuition, meine innere Stimme, riet mir genau zu dieser Entscheidung. Ich kann nicht in die Zukunft blicken, sehen, was kommen wird. Ich kann nur im Jetzt gut für mich sorgen und für mich die beste Entscheidung treffen. Denn außer mir ist niemand für mich verantwortlich. Anders ist das bei den Alten, Dementen und Kindern. Auch wenn jeder Mensch mit einem freien Willen ausgestattet ist und jeder hat die Möglichkeit, NEIN zu sagen, ist das nicht in jedem Fall möglich. Angehörige und Betreuer und Eltern entscheiden über das Wohl ihrer Schutzbefohlenen. Ich frage mich, woher weiß ich, was gut für mein gegenüber ist? Ich kann es nur erahnen, nicht wissen.

Es gibt eine Möglichkeit, Antworten zu bekommen, für Entscheidungen, die dir zu treffen, schwerfallen. Dazu ist es notwendig, um Hilfe zu bitten. Wann hast du das letzte Mal um Hilfe gebeten? So richtig und ernsthaft um Hilfe? Wenn es z.B. um die Entscheidung geht, soll ich den andren Job annehmen oder nicht, Impfung, ja oder nein? Du wirst dich fragen, was das jetzt soll. Schüttle gern mit dem Kopf oder zeige mir einen Vogel, klappe das Buch zu und lege es weg. Ich kann doch Freunde fragen, meine Eltern oder Großeltern, könntest du jetzt einwerfen. Ja klar kannst du das. Das kann ich gut verstehen. Ich hatte auch diese Optionen.

Augenrollend fragte ich mich, wen sollte ich um Hilfe bitten? Ich sag's dir...

Gemeint ist die höhere Macht, Kraft, das Universum, das morphische Feld. Es spielt keine Rolle. Es handelt sich um ein und dasselbe, egal welchen Namen ich ihm gebe. Weißt du, dass du all die Antworten auf deine Fragen, auf Entscheidungen bereits in dir trägst? Dass du nur verlernt hast, auf dich, deine innere Stimme, deine Intuition zu hören?

Im Klartext: Hörst du die Stimme deines Herzens? Dein Herz kennt deinen Weg und deine Seele, deinen Seelenplan. Alles, was sich in deinem Leben zuträgt, Begegnungen mit Menschen, dein Weg, alles ist vorbestimmt. Alle Erfahrungen, die du machst, alles ist im Plan enthalten. Wenn du lernst, in dich hineinzuhorchen, dir zu lauschen, ganz still zu werden, kannst du diese Stimme hören. Sie ist erst leise und mit der Zeit, kannst du lernen, sie zu hören. Und alles was du fragst, wird beantwortet.

Glaubst du nicht? Versuche es. Und wenn du nicht weißt wie, bitte um Hilfe....

zeitlos
ohne Wollen
einfach so
hineingestiegen
in Kahn
stabil
die Segel straff
Wind
weht leicht
ferne Welt
ich finde dich
nicht jetzt
nicht gleich
vertraue drauf
es kommt der Tag
da komm ich an
mein Hafen
verlässlich
sicher
voller Liebe

ein Spiegel

du

für mich

glatt

hell

leuchtend

schaue hinein

lange

sehe mich

Gesicht

makellos

schön

Augen strahlen

ausdrucks- stark

beobachten

sehen

erkennen

funkeln

Sternen gleich

Nase

Mund

Lippen

geschwungen

sprechen aus

wunderschön

weich

Konturen

zart
berühren
kosten
sacht
das Leben

die Früchte
deines Lebens
gedenkst du
sie anderen zu überlassen
gedenkst du
das Ernten abzugeben
gedenkst du
dabei zu stehen
zuzusehen
wie andere sich laben
an deinen Köstlichkeiten
die du kreiert hast
die deiner Hände Arbeit entstammen
wie fühlst du dich
jetzt
in diesem Moment
da du diese Worte liest
wo in deinem Körper
fühlst du dich
was
in deinem Körper fühlst du
jetzt
nimm dich wahr
in deine Hände
schüttele deine Früchte
von deinem Baum
deines Lebens

Weite
Raum
Schwingungen
Augenblick
Energie geladen
aufweckend
pulsierend
keine Worte
unnötig
Empfindungen
Auren wabern
ineinander
fließend
rings rum
Leere
Verzückung
verschmelzen
und vergehen
nicht loslassen
noch nicht
kosten
auskosten
den Moment
Wellen reiten
Lust zulassen
mitreißen
einzigartig

umwoben
vom Netz
der Begierde
sich lösen
und dann
aufatmen

Es ist so schön, dass es mich gibt und dich, mein Freund.

Meine Erkenntnis, durch die Wahrheit des Universums bestätigt bekommen, ist interessant.

Offen zu sein für die Liebe ist das eine und der großen Liebe zu begegnen das andere.

Beides schöne Gefühle... Was wahr ist, weiß nur mein Herz.

Dass Zahlen nicht lügen, ist genauso gewiss, wie die Stimme des Universums.

Menschen, die in mein Leben treten, können eine wundervolle Bereicherung für mich sein.

Dennoch Blicke ich über den Tellerrand und gehe meinen Weg.

Es stehen mir alle, sich bietenden Möglichkeiten offen, Chancen zur Verfügung.

Ich schaue hin, nicht weg, weil vielleicht das eine oder andere nicht meinen Wünschen entspricht. In mir ist Freude und Leichtigkeit.

Zeit für mich.

Ich habe noch einiges aufzulösen, bin bereit.

Das Leben ist immer jetzt und hier und nirgendwo sonst. Es breitet sich vor mir aus und ist mit Leichtigkeit behaftet.

Schwere schafft nur den Kopf.

Also heißt es, ab und an die Gedanken wegzuschieben, sie auch mal der Lüge zu strafen.

Das Herz für die Liebe offenzuhalten...

was geht da

vor sich

im Außen

nahm's wahr

kann's nicht glauben

der Mensch

ist der Irre

denkt

von sich

s'gelingt

auf Kosten des anderen

sich hoch

aufzuschwingen

zum Richter

zum Rächer

zum

weiß auch nicht

was

wer gab nur

die Macht

ihm

so zu beherrschen

ist's nicht eher so

arm

isser dran

der Richter

der Rächer

der tolldreiste Mann
und manchmal
auch Frau
tolldreist
genau
schließ fest ick
die Augen
begreife schnell
hör auf meine Stimme
die sagen
mir will
bleib bei dir
mein Herz
nimm einfach
so
an
lass allesamt futern
regieren
und schreien
lass Zepter sie schwingen
und Worte
die schlagen
mir
in mein Gesicht
sieh feste sie an
tief
in ihre Augen

schenk ihnen

die Liebe

die sie einst

vermissten

sie flehen

um Gnade

gesehn nur zu werden

verwundete Seelen

ihr Kopf

der regiert

Herzen

mit Mauern

sind lieblos

mit sich

kann niemand erretten

s'könn sie

nur selbst

reich stoisch die Hände

nun nimm schon

sie an

ich bin

dein Begleiter

im Herzen

und Geist

Wind peitscht um die Ecken. Wind sage ich? Nein, es gleicht einem Sturm. Wolkenberge türmen sich auf. Dunkel manifestieren sie sich am Himmel. Groß und mächtig erscheinen sie, beugen sich zu mir herunter. Natur, erzittert, erbebt, lässt sich ein. Himmel, schüttet alles hernieder, was er zu bieten hat, lässt Berge erbeben und Bäume knicken.

"Wer schwingt hier das Zepter, Menschenkind? Sag es mir, schnell... Willst du mein Gebieter sein? Du bist so klein. Ich weiß, deine Tage sind gezählt. Spüre meine Kraft. Sieh her, sieh genau hin. Fühle dich hinein, in meine Stärke. Wenn du es vermagst, lass dich fallen, in meine Energie. Kämpfe nicht dagegen an. Und versuche niemals, mir deinen Willen aufzuzwingen. Du meinst, du kannst mit mir tun was du willst? Schau dir die Welt an, sperr deine Augen weit auf und sieh, was du mit deinem Wissen, deinem Ego, angestellt hast... Ich zeige dir die Angst, die Wut, die Trauer... Flüsse voller Tränen und Blut. Blut der Menschen und Tiere. Tief in meinem Innern, all die Schätze. Du hast mich ausgebeutet, mir große Wunden zugefügt. Und nun, Menschlein, beantworte mir die Frage... Bist du glücklich mit deiner Ausbeute? Bist du nun "wer", weil du viel Besitz angehäuft hast? Sei kein Narr, wenn du das denkst. Alles zerfällt zu Staub und Asche. Genau wie dein physischer Körper, dein Vehikel, das dir hilft, dich hier, auf mir, Mutter Erde, zu bewegen. Werde still, lass deine nackten Füße auf mir ruhen. Ich nehme die Wurzeln tief in mich auf. Die Wurzeln, die aus deinen Füßen wachsen, so tief, bis sie die Glut in meinem Innern spüren, das Feuer, Leidenschaft. Ich kann dich sehen lassen, was wirklich wichtig ist. Liebe, Licht, Selbstwert, Verlässlichkeit, Zuversicht...

Sternenzelt
umhüllt der Leiber Glanz
verdeckte Liebe
unter zartem Schleier
süßes Band
gewebt aus Unendlichkeit
Herzen
durchsichtig
seiden
leuchtend
der süßen Verführung erlegen
Leiber
Träume
Wunscherfüllung
und
in Wahrhaftigkeit
wiegt
Unendlichkeit
das Universum gibt Zeugnis
was verbirgt sich
was bewegt sich
ein Tanz der Verzückung
ein Wiegen im Takt
eine Melodie
interpretiert
virtuos
eine unvollendete Sinfonie...

Begebe ich mich in meinen Befehlsstand, sehe ich die Welt mit meinen Augen.

Und es spielt keine Rolle, was andere über mich denken oder sagen. Sie tun es sowieso.

Ich bin ich und kann gut für mich sorgen.

Ob du es glaubst oder nicht, ich bin sogar in der Lage, Entscheidungen zu treffen.

Ja, ich entscheide für mich und niemanden sonst.

Und wenn ich höre, dass ich Verpflichtungen gegenüber anderen Menschen habe, denke ich: „Wow, wann habe ich diese Aufgabe übernommen? Steht das in einem Vertrag?"

Ich erkenne, dass ich aufgefordert werde, meine Macht abzugeben.

Erst sacht, dann mit Nachdruck.

Ich gestatte niemandem über mich zu bestimmen.

Ich bin der wichtigste Mensch in meinem Leben.

Und ich stelle infrage, dass du weißt, was mir guttut!

sehe ich dich
doch wieder nich
bist fern von mir
auf deinen Pfaden
mir macht es Angst
wie's weiter geht
kein Sein mit dir
ist mir vergönnt
kein Jammern nützt
kein Zetern
Stampfen
ich leide stumm
darunter nur
verliere mich
so soll's nicht sein
kein Mann
kann mein Bedürfnis stillen
nur ich
allein
weiß es genau
bin dafür stets
die richt'ge Frau

Ich entzünde ein Licht...
Es trägt dich hinauf, in die Unendlichkeit des Seins.
Deine Seele ist frei...

Wie unwirklich das Leben wird, bevor die Seele den physischen Körper verlässt. Zeit verblasst. Sie existiert nicht mehr. Nur der nicht enden wollende Ruf nach Stille ist präsent.

Ich kann dich berühren, dein Vehikel auf Erden gleicht dir nicht mehr. Ich fühle die Wärme deines Körpers. Kräftig hämmert der Puls, des Lebens, gegen meine Hand. Wie stark er noch ist. Du liegst hier. Ich schaue dich an, und lautlos suchen meine Tränen ihren Weg. Mein Blick ist verschleiert. Ich lasse alles fließen.

Deine Stimme, ein Hauch. Sehnsucht, alles hinter dir lassen zu können. Lider flattern, Augen schließen sich.

Noch nicht, deine Seele ist noch nicht bereit. Zu viel im Außen zerrt an dir. Wollen dich nicht gehen lassen.

Ich entzünde ein kleines Licht.
Dein Licht in der Dunkelheit.

Fühlen kann ich, dass du dich verabschieden wirst, wenn ich mich verabschiedet habe. Und wenn du die nötige Ruhe hast, wird der Schlüssel in deinem Innern das Tor zur Unendlichkeit öffnen.
Ein letzter Gruß und sacht küsse ich deine Stirn, deinen Handrücken.
Adieu, geliebte Seele. Du hast deine Spuren in meinem Herzen hinterlassen. Von Dankbarkeit erfüllt, dass ich dich kennenlernen konnte, mit dir ein Stück des Weges gehen konnte, sage ich...

Auf bald!

Ich weiß nicht, wann ich anfing, meinen Weg zu gehen.
Ein Datum ist mir nicht bekannt.
Es spielt auch keine Rolle und ist,
zu diesem Zeitpunkt, egal.
Denn das einzig Wichtige?
Ich habe diesen Entschluss gefasst.
Tief aus meinem Innern drang er an die Oberfläche.
Die Frage: Was war?
Ist beantwortet.
Die Frage: Was kommt?
Kann ich nicht beantworten.
Die Frage: Was ist jetzt?
Stelle ich nicht.
Ich bin
sehend
fühlend
hörend
und göttlich geführt.

Wenn der Weg unklar
in dichtem Nebel liegt
das Herz in diese Richtung weist
der Kopf die andere bevorzugt
der Lampe Licht
wirr
nicht deutlich
wohin soll ich gehen
Rückzug
nicht ins Ungewisse
zu mir
in mein kleines Haus
in meinen gemütlichen Raum
dort verweile ich
meine Kleine ist bei mir
wir halten uns an den Händen
tief geht der Blick
die Augen
meines kindlichen „Ich" leuchten
Ruhe
Sanftheit in mir
Zeit ist relativ
nicht existent

ich lass es geschehen
öffne mein Herz
bis das Licht erscheint
es weist mir den Weg
voller Zuversicht
in die Verlässlichkeit

wie einfach es doch ist,
etwas zu zerlatschen

wie einfach es doch ist,
etwas zu bewerten

wie einfach es doch ist,
etwas schlecht zu reden

wie einfach es doch ist,
etwas scheiße zu finden

wie einfach es doch ist,
secondhand nachzuplappern,
ohne je eine eigene Erfahrung gemacht zu haben

wie einfach ist doch ist,
den Denker als das zu benutzen was er ist, als Diener

wie einfach es doch ist,
aus dem Herzen heraus zu leben

wie einfach es doch ist,
Herz über Kopf zu stellen

wie einfach es doch ist,
Yin und Yang zu leben,
männlichem und weiblichem Prinzip gleichen Raum zu geben, in Kohärenz, Gleichklang

wie einfach es doch ist,
linke und rechte Gehirnhälfte zu verbinden, um die größtmögliche Energie zu generieren

wie einfach es doch ist, du selbst zu sein

schon versucht?

nein?

Dann aber los...

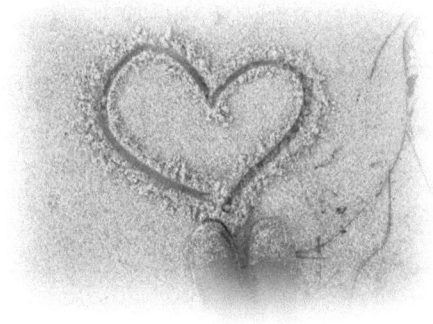

Wie schön das Leben sein kann, wenn die Sonne die Nase kitzelt. Alles strahlt in hellem Licht. Glanzvoll und rein wirkt die Welt. Das Leben scheint, für Momente, der Wirklichkeit entrückt zu sein. Mut findet seinen Weg, glitzernde Funken der Freude fallen herab. Offen zu sein, für jedwede Wünsche, so banal sie auch sein mögen, ist das Normalste von der Welt. Umarmungen hier, Küsse dort. Breit gefächert sind die Arme, einladend, gebend. Das Herz scheint zu bersten, strotzt vor Liebe. Ein Leben wie in Trance, scheint es. Alles gleicht einem Wunder und die Frage ist berechtigt.

Wem gilt all das...

Was geschieht, wendet sich das Blatt? Es bricht etwas weg. Düsternis, alles ist erdrückend, nüchtern und glanzlos zugleich. Es steht nichts mehr an seinem Platz, umgeworfen, zerschmettert. Gesenkte Blicke, nicht sehen wollend, was sich aufgetürmt hat. Schatten und Dunkelheit tönen, Blitze und Donner. Es wirkt wie aus der Unterwelt. Das dunkle Monster, getragen von Schwere und Trauer, Tränen und Wut. Nichts kann klargesehen werden, verschleierte Augen, Lider auf halbmast. Das Leben gleicht einem Trott, unbewusstes Sein, rackern und tun. Scheiß egal, eine dominante Instanz. Reichtum und Präsenz, Haben und Macht...
Es scheint, als wäre es erstrebenswert. Doch allzu schnell kommt der Fall. Ein Fall ins Bodenlose, selbst kreiert und handgemacht.

begegnen

wir uns

ist's vorbestimmt

jetzt

ein jeder

sein Buch

im Gepäck

befüllt ist's

mit Storys

die Vergangenheit ist

ich bitt dich

von Herzen

lassen wir's dort

tief

in jenem Rucksack

den du

und auch ich

gefüllt bis zum Rande

soll im Jetze nicht sein

halt fest

meine Hände

und

schaue mich an

tief in meine Augen

wie ich in die deinen

mein Liebstes

sei mutig

lächle

beschwingt

ich bin

jetzt bereit

sei du es

jetzt auch

lass uns

unser Buch sehn

jedes einzelne Blatt

Blüten weiß

uns nehmen

und schreiben

ne eigne Geschichte

deine und meine

ich freu mich

darauf

auf uns

und die Worte

zu ordnen

für dich

und

für mich

was kommen auch mag

s'is unser

gewiss

küsse dich

sanft

wir wissens
genau
es hat schon begonnen
die Einleitung da
wir gehen
den Weg
Seite um Seite
lass uns
die Autoren sein

Kann ich für bare Münze nehmen, was ich jetzt gerade erlebe? Ist es wahr, eins Déjà-vus´, ein, ich weiß nicht was, schlechter Scherz? Ich fühle Aufruhr in mir.

Was geht manchen Menschen im Kopf herum? Wie groß muss der Leidensdruck sein, dass sie, verdammt noch mal, den Mund aufmachen und sagen, was ihnen Seele liegt?

Ich schreie innerlich.

Wochen sind vergangen, stillen Hinnehmens. Das Hinnehmen von Täuschung, Arglist, Bedrängnis, ja sogar von verbalen Attacken?

Das Leben ist Ganzheit und ich weiß, alles kommt zu seiner Zeit ans Licht. Alles, ausnahmslos.

Was also soll der ganze Scheiß. Häppchenweise eröffnen sich mir Wahrheiten, die mir den Atem stocken lassen, mir Tränen der Wut in die Augen treiben.

Welch Farce...

Ich erfahre und kann nur mit dem Kopf schütteln. Unbewusste Menschen, wohin ich schaue. Scheuklappen werden aufgesetzt, ist ja bequem, komfortabel und die dunkle Brille verhindert gänzlich den Blick.

So ungefähr, mich sieht ja keiner. Haha...

Welch höhnisches Lachen entspringt meiner Kehle. Ich stehe im Regen, nicht in der Lage den Schirm zu öffnen. Mein Blick ist offen und ich wende mein Gesicht dem feuchten Nass zu. Kleine Speerspitzen dringen in meine Haut, hinterlassen dünne Fäden, blutige Spuren, kleinen Rinnsalen gleich.

Ich atme und erkenne, dass nun alle Erwartungen auf mich gerichtet sind.

Den Mittelfinger recke ich nach oben.

„Fuck" auf die Erwartungen...In wessen Angelegenheiten befinde ich mich gerade?

So schießt es granatenmäßig in mein Hirn. Jedenfalls sind es nicht meine Angelegenheiten. Ich lache aus vollem Halse, ein lautes, kehliges Lachen. Danke, für diese Erkenntnis.

tief in mir
drinnen
im Herzen
trage ich
dich
verankert
und leicht
Freude
in mir
dein Sein
lässt mich fühlen
was lange verborgen
ne Rückschau
weit
hat's das
nie
gegeben
dass so intensiv
ich dich
fühlen kann
auf lautlosen Schwingen
der Liebe
Süße
bewusst
nehme ich wahr
und kann's gar nicht glauben
du bist

Herz
Liebstes
Leben

Ich habe gelernt,
egal wie dünn ich etwas schneide,
dass es immer zwei Seiten gibt.

Ich habe gelernt,
dass es Menschen gibt,
denen ich vergeben kann,
sie aber keine Rolle mehr in meinem Leben innehaben.

Ich habe gelernt,
dass die Vergangenheit so lange im Jetzt präsent ist,
wie ich es ihr erlaube,
da zu sein.

Ich habe gelernt,
dass nicht alles Gold ist, was glänzt.

Ich habe gelernt, hinzuschauen.

Ich habe gelernt,
dass alles,
was mich an anderen Menschen stört,
meine Themen sind.

Ich habe gelernt,
dass ich nicht immer stark sein muss,
sondern auch schwach sein darf.

gespannt
entspannt
das Haar auf Sturm
die Zeit ist reif
nie war sie's mehr
zulassen
alles
aus mir raus
zu kehren mich
machen Garaus
Müll und Dreck
feg ihn hinweg
die Bande
Kummer
lang war sie Gast
öffne alles
Fenster

Türen
Besen
tu dein Werk
bin frohen Mutes
tu's für mich
alle Zeit bereit
mich wahrzunehmen
all das zu fühlen
was sich versteckt
in all den Ecken
mein Haus steht offen
frischer Wind
fegt nun hindurch
lass nichts an seinem Platz
öffne mich dem Licht
lass die Dunkelheit hinaus
offen
für neue Freuden
zuversichtlich
frei

Noch nie hatte ich das Bedürfnis, ganz leise gehen zu wollen.

In diesem Moment habe ich es.

Ich möchte leise gehen, mich nicht erklären müssen, warum, wieso, weshalb.

Es könnte nichts ändern. Jeder Mensch hat das Recht, seinen Weg zu gehen, seinem Herzen zu folgen.

Ich weiß, tief in meinem Innern, dass es keine Rolle spielt, wie ich gehe. Die Wunden werden da sein, tiefe Rillen auf dem Herzen hinterlassen.

Und auch die Zeit heilt keine Wunden. Ich kann mich nur selbst heilen. Indem ich hinschaue, mir Raum gebe, mein Herz für mich öffne. Das, nicht nur, wenn ich verletzt bin, verletzt werde.

Sondern auch dann, wenn mein Herz vor Freude tanzt.

In Liebe gehen heißt,
ich segne alles, was ich zurücklasse.

In Liebe gehen heißt,
ich danke dir,
dass ich, ein Stück des Weges, dein Begleiter sein konnte.

In Liebe gehen heißt,
dass ich wertvolle Erfahrungen mit dir machen konnte.

In Liebe gehen heißt,
neue Chancen zu erkennen und zu nutzen.

In Liebe gehen heißt,
keine Angst zu haben.

In Liebe gehen heißt,
du warst, in dieser Zeit, genau richtig für mich.

In Liebe gehen heißt,
immer und auf allen Wegen der Wahrheit zu folgen.

In Liebe gehen heißt,
wir werden auf ewig, im Herzen, verbunden sein.

säuseln der Worte
geschrieben auf Papier
frohlockend fein
liebkosen das Ohr
schmeichelnder Augenblick
was verbirgt sich
dahinter
Wahrheit
Lüge
Zuversicht
Pein
gar Angst
säuseln der Worte
versteckte Verführung
geschrieben
für mein liebend Herz
kann nicht fühlen
kann nur schauen
erreicht es mich
im Innern
mein Kopf sagt
versteh
und nimm es an
mein Herz
ist andrer Meinung
es weiß um uns
dass es nicht passt

und auch nie funktioniert
säuseln der Worte
ausgeworfenes Netz
kann mich nicht fangen
ich sehe nicht
was du bezweckst
ich seh keine Taten
drum spar dir das
fürs andermal
sollst nicht mehr auf mich warten

ich habe erkannt, d
ich keine Angst habe
muss, für das
einzustehen, woran i
glaube, auch wenn d
bedeutet, alleine
zu stehen.

bewege mich
im Sturm
wankend
der Kahn
droht zu kentern
keine Planke
die nicht zerborsten
Loch an Loch
doch der Kahn
hält sich wacker
dreht sich im Kreise
Versuch
sich dem Untergang
zu entwinden
davonzukommen
vergebens

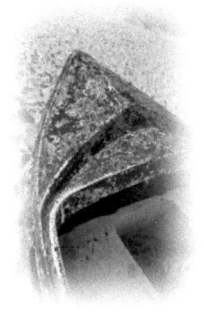

Die Verliebtheit ist gegangen. Nicht mit Riesentrara. Still und leise ist sie fort. Hat ihren Rucksack gepackt. Wann genau war dieser Moment? Unbekannt.

Dass die Verliebtheit gegangen ist, war vorhersehbar. Dies kleine Pflänzchen ist Stück für Stück verdorrt. Es konnte sich nicht weiter entwickeln. Aller Bemühungen zum Trotz, es fehlte ihr an den wichtigsten Dingen. Nur selten bekam sie Nahrung. Berührungen blieben aus. Das, was sie zum Wachsen brauchte, wurde ihr fast gänzlich verwehrt. Nicht bewusst geschah es, eher aus Angst. Angst davor, was aus ihr hätte werden können. Etwas Großes. Eine stabile, prachtvolle und wunderschöne Pflanze. Fest in Mutter Erde verwurzelt.

Sie dümpelte vor sich hin, traurig und allein. Abgeschnitten von der Liebe und so klein. Trauer trägt sie, ihr blutend Herz schreit nach einem Pflaster. Ob es ausreichen wird? Das Pflaster?

Dennoch, mutig streckt sie sich, ein letztes Mal, dem Licht entgegen. Lächelnd sagt sie: „Danke, dass ich nährende und wundervolle Erinnerungen mitnehmen kann. Erinnerungen an Stunden voller Freude, ja Vorfreude auf den Gefährten."

Gefühle der Wärme und Zuneigung durchfluten sie. Wie Kristalle perlen sie in ihrem Innern, glänzend und hell. Goldfunken und Blütenregen, Träume, wie die einer Jungen, dem zarten Alter von 15 entwachsen, gesellen sich hinzu.

Die Verliebtheit erinnert sich an glockenhelle Umarmungen, an verheißungsvolle Lippen und Augen, die sagen: „Ich will nur dich."

Tränen überschwemmen ihre Augen. Glasigen Blickes schaut sie in den Himmel. Abschied, ein Schwert, das schwer zu tragen ist. Abschied und Loslassen.

Der Verliebtheit bleibt kein anderer Ausweg. Mutig durchtrennt sie die Fäden, dreht sich auf der Schwelle um, ein letztes Mal, ein letzter Blick. Matt hebt sie die Hand, winkt und sagt...

Adieu

Schließe deine Augen
mein Liebster
ich wiege dich
sacht
streiche über dein Haar
dieser Moment
mit dir
meine Lippen
sie berühren dich
zarte Schleier
wohliges Stöhnen
ein Hauch
tief aus deiner Kehle
ich beobachte
weiß
zu erleben
diesen einen Augenblick
bin ich auf Erden

Die Tür fällt krachend ins Schloss. Ich stehe dahinter, mit vor der Brust verschränkten Armen. Wütend stampfend, schnaubend. Die Mundwinkel hängen und Tränen kullern die Wangen hinab.

Der kindliche Teil in mir beherrscht mich, genau in diesem Moment. Weil die Wut so immens ist, drehe ich den Schlüssel im Schloss herum. Nur zur Sicherheit, einmal noch abschließen. Und ein Tritt hinterher, gegen die Tür, kann auch nicht schaden.

Der Schmerz in meiner Brust ist unerträglich und im Hals sitzt ein fetter Klumpen. Ich kann mich noch so gebärden, schreien und futern. Es ist, wie es ist.

So, in meinen Emotionen gefangen, kann ich nichts mehr wahrnehmen. Mein Blick ist starr. Da ist nur dieser Tunnel, lang unbeleuchtet und muffig. Ich kann auch das Licht nicht sehen, das sich langsam unter der Tür hindurch, auf meine Füße, zubewegt. Mein Blick ist vom Heulen verschleiert.

Ähnlich, einem kleinen Blutgefäß gleichend, schlängelt das Licht dahin, beginnt sich zu verzweigen. Aus meinem Augenwinkel heraus werde ich ihm gewahr. Den Dunst der Tränen wische ich aus meinem Gesicht. Sacht umschließt das Licht meine Zehen. Es scheint in sie eindringen zu wollen. Meine Augen weiten sich, werden groß wie Tennisbälle. Was geht da vor sich? Was ist das?

Ad hoc nehme ich bewusst wahr und mein Organismus läuft auf Hochtouren.

Wo ist der Tunnel hin? Weg… Mein Blick wandert zu meinen Füßen. Mittlerweile leuchten sie, hell wie die Sonne. Auch die Waden. Das Licht nimmt meinem gesamten Körper in Besitz, durchflutet ihn. Mit einem Mal stehe ich kerzengerade und meine Arme haben die Brust freigegeben. Sie hängen am Körper herab, als hätten sie nie etwas anderes getan.

Ich gebe mich dem Geschehen hin und lächle. So, als hätte auch mein Mund nie etwas anderes getan. Meine Augen stimmen in dieses Lächeln ein. Von Ferne erklingen helle Töne, ein Violinspiel.

Das Licht in mir kanalisiert die Energie aus dem Mutter Erde. Ich leuchte, als hätte ich nie etwas anderes in meinem Leben getan...

du bist du

ich bin ich

Begegnung

der Funke ist übergesprungen

auf dich

auf mich

welch Segen

können wir gemeinsam

hindurchschreiten

durch das Tor

dass sich Leben nennt

sacht

lichtvoll

lege ich meine Hand

auf dein Herz

du legst deine Hand

auf mein Herz

wir fühlen uns

komm

begleite mich

auf meinem Weg

und bleibst du

wie auch ich

ich bleibe

bis in die Unendlichkeit

der Liebe

deiner, meiner, gewiss...

In Kontakt mit der eigenen Seele zu kommen bedeutet,

auch durch eigene Verzweiflung zu gehen,

seinen eigenen inneren Kampf auszufechten

und zu erkennen,

dass gerade die Aufarbeitung dieser Wunden

uns mit anderen Menschen verbindet.

=Verfasser unbekannt=

„Zukunft 2025"

Die kommende Generation ist Schatzfinder.
Liebe und Partnerschaft,
sexuelle Orientierung
und Selbstverwirklichung
fallen ihnen in den Schoß.

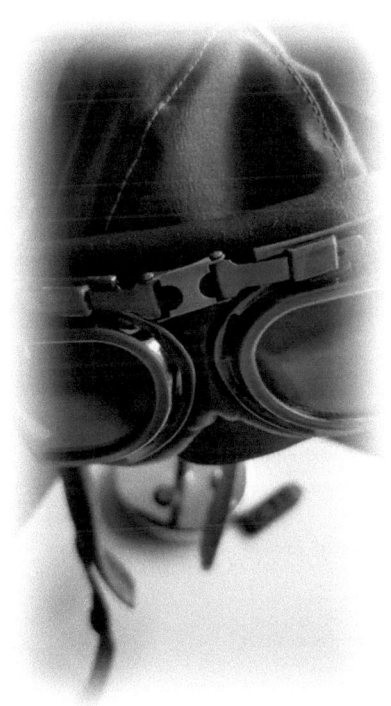

Kennst du diese zerknirschten Tage?

Morgens schon...

Die Augen geöffnet, der Rücken schmerzt.

Puuh, das geht ja gut los.

Mich ach und krach hieve ich die Beine aus dem Bett; über die Bettkante geschaut und die Frage im Kopf:

„Muss ich wirklich in diesen Tag starten? Das ist nicht mein Tag, ich weiß es jetzt schon."

Im Bad, der Blick in den Spiegel...okay?

Nicht gerade verheißungsvoll mein Anblick.

Und dann hocke ich da.

Was tue ich mir selbst an?

So wie ich morgens starte, werde ich den gesamten tag erleben.

Stoisch dahin schreitend, Mundwinkel hängen, trübe Gedanken.

Nicht einmal ein freundliches „Guten Morgen kommt mir über die Lippen".

Lächeln?

Fehlanzeige. Und der Kaffee, bäh...

Oh no,

alles noch einmal auf resett und noch einmal das ganze...

Und immer recht freundlich!

Jede Entscheidung, die du triffst, ist deine Entscheidung. Zweifle nicht, ob es die richtige oder falsche sein könnte. Woher weißt du, was richtig oder falsch ist? Was ist richtig, falsch?

Das Bewerten entstammt deiner Vergangenheit, dem Erlernten, den Glaubenssätzen, dem Ererbten und Konditionierungen der Gesellschaft. Es gibt nur einen Kompass in deinem Leben, dein Herz. Ich werde still und lausche der Stimme deines Herzens. Du kannst es auch Intuition oder geistige Führung nennen. Triff deine Entscheidungen, geh deinen Weg.

Und wenn du ihn zurückgelegt hast, ist dein Erfahrungsschatz größer denn je. Du hast, zu jeder Zeit, die Möglichkeit dich umzuentscheiden, deinen Weg in eine andere Richtung zu lenken. Und jedwede Angst heiße willkommen. Sie darf da sein. Du bist stark und mutig und, ein Kind Gottes.

In der Stille liegt die Kraft.

Allzu oft habe ich diesen Satz gehört und belächelt.

Jaja, schon klar...

Lasse ich die Worte tief in mein Sein, fühle ich die Wahrheit,

die Essenz dessen, was er mir vermitteln kann.

Einfach innehalten, dem süßen Nichtstun frönen, ganz bei mir sein.

Ich liege auf der Wiese und schaue in den Himmel.

Welch wundervolle Gestalten sich dort oben tummeln.

Mein Lächeln erwächst zu einem Lachen.

Ich nehme mich in den Arm, in Dankbarkeit.

Die Sicht auf die Welt ist einzigartig und individuell. Du und ich, wir können nicht in der gleichen Wirklichkeit leben. Emotionen bestimmen die Sichtweise. Und das macht das Leben einzigartig.

Ich bin der Verfasser meiner Lebensgeschichte und du der deinen. Ich kann sie jeder Zeit verändern. Du auch. Denn Chancen und Möglichkeiten sind nicht mit einem Ablaufdatum versehen. Jeder Tag ist eine neue Welt. Ich bin heute niemals so, wie ich gestern war. Meine Konstante im Leben, bewusst leben und alle Geschenke, die mir das Leben bietet, voller Dankbarkeit empfangen.

Kadaver

Möven, die an ihm herumpicken.

Gierig ohne Scheu.

Sie flattern durcheinander, Angst habend, dass ihnen jemand die Beute streitig macht.

Muscheln knirschen unter meinen Füßen.

Auch in ihnen sind Rester.

Rester von Muschelfleisch,

dass die Möven begehren.

Ein Aufschrei hier, ein kreischen dort.

Sie streiten sich ungeniert.

Es geht um die Vorherrschaft am toten Getier, um den Rest des wässrigen Lebens.

Ich beobachte sie und sehe die Parallelen.

Fressen und gefressen werden.

Sieg oder Niederlage.

Macht und Kraft des Stärkeren.

Sich hingeben und vergehen.

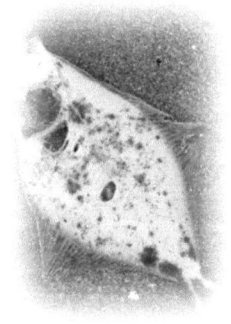

Sag nicht,
ich tue es für dich.

Sag nicht, ich gebe es auf,
für dich.

Sag nicht,
alles lass ich hinter mir, für dich.

Was tust du?
Dir an?
Und mir?

Bin ich dein Trostpflaster?
Dein Alibi?
Der Kahn, auf den du springst, weil deiner schon längst unter ge-
gangen ist?

Ooooo nein,
sieh mich nicht mit diesen Augen,
mit diesen Gedanken im Kopf.
Halte deine Worte fest im Mund.

Geliebter Mensch,
der du bist.
Werde dir klar darüber,
was du jetzt benötigst, jetzt in diesem Moment.

Nimm dir einen Zettel und Stift,
schreibe es auf.

Alles!

Lass es aus dir hinaus fließen.
Was ist nicht mehr stimmig in deinem Leben?
Wo stehst du in diesem Moment?
Was willst du?

Fasse einen Entschluss!
Und fühle hinein in dich,
ob es deiner ist.
Reinige dein inneres Haus.
Wenn nötig,
mit eisernem Besen.

Steige aus,
aus dem Muster deiner Erwartungen.

Nur du leidest, niemand sonst.

Erlaube dir,
glücklich zu sein.
Erlaube dir,
dein Herz zu öffnen.
Nimm dir aus der Fülle des Lebens immer das Beste.

Ab dem Moment,
an dem du erkannt hast,
was dein Herz benötigt,
welchen Ballast du über Bord schmeißen willst,
was dir nicht mehr dienlich ist.

Ab dem Moment,
kannst du dein Leben radikal verändern.

Und dann erfährst du es von dir,
mit dir
und durch dich!

Geh in deinem Tempo und wisse,
du kannst dir,
zu jeder Zeit,
meiner Liebe gewiss sein.

Ungeahnte Kraft trage ich in mir...

Die Kraft, alles schaffen zu können.

Die Kraft, wachsen zu können, auch über mich hinaus.

Die Kraft, alles im Leben als Chance sehen zu können.

Die Kraft, annehmen zu können, was ist.

Die Kraft, den Blickwinkel zu verändern.

Die Kraft, Gesagtes anzuerkennen.

Die Kraft, nein zu sagen.

Die Kraft, meiner Intuition zu folgen, meinem Herzen.

Die Kraft, meine Richtung ändern zu können.

Die Kraft, dankbar zu sein.

Die Kraft, anderen, mir, vergeben zu können.

Die Kraft, jetzt, in diesem Moment, achtsam mit mir zu sein.

im Herzen barfuß

wow

welch Worte

sacht

sanft

betrete ich dein Refugium

achte darauf

nicht zu verletzen

übergriffig

zu sein

zu werden

achtsam

dich sehen

deine Geschichte

deine Wünsche

deine Sehnsucht

anzuerkennen

in diesem Moment

was benötigst du

am dringendsten

Halt

Zuversicht

Verlässlichkeit

Mut

Liebe

sag es

sprich es aus

fühle

hinein

in dich

was löst es in dir aus

auszusprechen

was dich im Herzen

berührt

bewegt

Es ist wundervoll zu sehen, auf welche Weise, du und ich, miteinander verbunden sind. Unsichtbare Fäden, voller Energie. Mein Dasein ist mit dir und dem großen Ganzen verwoben. Gespeist wird diese Energie, von der Freude und dem Glück, die tief in mir liegt. Ich erfreue mein Herz und weiß, jedwede Begegnung kann es nähren. Voller Dankbarkeit verneige ich mich, vor dir und mir.

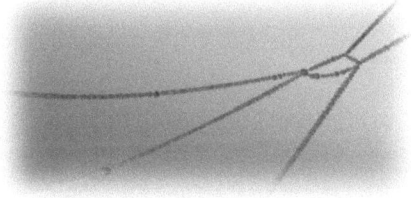

Ich stehe auf meines Kellers Treppe.
Den Blick hinab gesenkt, in das Dunkel.

Gedanken an meine Kindheit.

Soll ich hinabsteigen? Wie groß ist meine Angst vor dem, was sich hinter der nächsten Biegung verbirgt?

Das Gewölbe streckt seine Hände nach mir aus. Und es scheint zu sagen: „Wovor hast du Angst? Nichts verbirgt sich innerhalb meiner Mauern, das dir schaden könnte. Vertraue, vertraue auf dich, deinen Mut und nimm deine Angst an die Hand, zeige ihr den Weg."

Meine Gedanken kreisen.

Hinweg mit euch, sage ich den Geistern der Angst. In diesem Moment darfst du da sein, Angst. Ich nehme dich an und liebevoll in den Arm, um dich gehen zu lassen. Ich benötige dich nicht mehr.

Ich entzünde mein Licht. Und steige Stufe um Stufe hinab. Der Schein erhellt jeden Winkel des Kellers. Seine Mauern zwinkern mir zu: „Gut gemacht!" Unendlicher Stolz erfüllt mich. Stolz auf meinen Mut und meine Entschlossenheit. Ich lächle...

Meine Lebenszahl- Geburtszahl

$1+9+1+0+1+9+6+7 = 34 = 3+4 = 7$

Vertrauen

Für die Sieben geht es um Vertrauen, zu sich selbst, zu anderen, zum Lauf des Lebens.

Die Stärken dieser Menschen sind, Innenschau und Einsicht, sie sind von scharfem Verstand und besitzen das Vermögen, zwischen den Zeilen zu lesen.

Sie sind von Natur aus Gelehrten und Forscher oder, trotz ihrer umgänglichen Art, Einsiedler und gern für sich allein. Sie benötigen auch immer wieder Zeiten des Rückzugs. Sie sind zurückhaltend, argwöhnisch und individualistisch.

Und da sie, zudem auch dazu neigen, entweder zu wenig oder zu viel über das zu sagen, was in ihnen vorgeht, beschwören sie manchmal, ungewollt, Missverständnisse herauf und sehen sich dann, womöglich, verraten.

Menschen, mit der Energie der Sieben, müssen lernen, ihrem Körper, ihrer Intuition und ihrem eigenen Urteilsvermögen zu trauen und sich weniger an Büchern, Experten und den Theorien anderer zu orientieren.

Alles in allem sind sie klar und kompetent und finden in der Natur Erfrischung und Erholung. Sei es im Garten, am Strand, in der Wüste, in den Bergen.

Sobald sie gelernt haben, sich selbst zu vertrauen, verhelfen ihnen klare Abmachungen auch zu Vertrauen gegenüber anderen. Sie leben dann mit entspannter Offenheit in einer Welt, die ihnen sicheren Boden unter den Füßen bietet.

Wenn du eine Sieben in deiner Geburtszahl hast, wirst du wissen, wie es ist, sich verraten zu fühlen. Und du wirst dich dann am ehesten Wohlfühlen, wenn du deinem Körper, deinem Geist und deinem Leben zu vertrauen lernst.

=Netz Fund=

Kampf

Krampf

Leben

voll davon

wirklich

wahr

Gedanken

wer wäre ich

ohne sie

geht

zieht weiter

der Dolch

bleibt

wo er ist

benötige ihn nicht

kämpfe nicht

alles

ist

leicht

Dramen

im Kopf

nicht meine

ausgelöst

Lebenssituationen

immer da

Wahlmöglichkeiten

immer da

Kopp aus
Herz an
atmen
Licht spüren
Füße
fest
auf Mutter Erde
welch Gefühl
innerer Lautsprecher
lauschen
beweg dich
hin und her
Blickwinkel verändern
Entscheidungen
immer da
für dich
für mich
für uns

Ich habe das Leuchten gesehen.

Dort, am Firmament.

All die Sterne.

Welch ein Funkeln.

Jedes Aufblitzen ist ein Fingerzeig.

„Hey, zeig dich, du bist einzigartig, liebenswert.

Strahle von innen heraus.

Du bist wunderschön."

Und ich erkenne, das ist die Wahrheit.

Ich bin einzigartig und liebenswert.

Ich strahle von innen heraus und zeige mich.

Schau her, sieh mich an, hier bin ich!

Ich liebe mich, mit all meinen Facetten, in diesem Körper.

Ich bin ein Kind Gottes, nach seinem Ebenbild erschaffen.

Ich bin Schöpfer meiner Lebenswirklichkeit,

und weiß um meine Existenz auf dieser Welt.

Ich öffne nicht nur meinen Geist. Ich öffne mein Herz, mein Haus. Ich gehe keinem, noch so großen Problem aus dem Weg. Ich nutze diese Dinge für mich, um mich zu verändern, mein Leben, meine Sichtweisen und meine Blickwinkel. Ich putze mein inneres Haus. Von den Wänden angefangen, über den Keller, bis zum Dach.

Alles Alte muss weichen. Platz machen, für mehr Licht und Klarheit. Die Zuversicht zieht ein. Und die mir so lieb gewonnene Sicherheit, Komfortzone, lasse ich ausziehen.

Eines ist sicher, dass nichts sicher ist!

Ich tausche das Wort „Sicherheit" gegen ein anderes, nämlich, „Verlässlichkeit". Es hat mehr Weichheit, in seinem Ausdruck, und fühlt sich warm an.

Es gibt Dinge, die ich lange Zeit, oder sogar noch nie, ausgesprochen habe. Einfach aus dem Grund. Ich hatte Angst davor. Wovor muss ich Angst haben, wenn ich, z.B., mit meinem Gefährten offen über meine Sexualität spreche? Vor Ablehnung etwa, nicht verstanden werden, Scham? Davor, dass mein Gefährte überfordert ist?

Ich habe nicht gelernt, meine Wünsche auszusprechen. Es ist jetzt an der Zeit, es zu ändern. Woher soll mein Gefährte wissen, was ich möchte, wonach ich mich sehne, es gelüstet?

Sollte es auch noch so absurd sein, ich spreche es aus.

Was ist jetzt wichtig, dass ich mich öffnen kann?

Wahrhaftigkeit, Vertrauen, Liebe

Nicht an jeder Ecke soll das Thema Sexualität seinen Platz haben. Nein, es bedarf eines geschützten Raumes.

„Wenn ich einen Orgasmus erlebe, möchte ich ihn mit dir erleben."

Ich öffne mich dir, genauso wie du dich mir öffnest, alle Freuden erfahrend. Ängste ad acta gelegt, Vertrauen dominiert, Halt und Liebe, das Gewahrsein, „Wir". Du betrittst einen heiligen Raum, tief im Innern. Männlichkeit ausfüllend, zur Gänze, und der Fall ins Bodenlose, lässt erahnen, was wir an Freuden erwarten können.
Küsse, der Vorgarten der Lust, Hände, die den Boden bestellen und Augen, die die Schönheit erblicken. Blumen leuchten satt. Worte, die säuselnd, wie der Wind, durch Gemüt und Herz wehen.

„Komm, Geliebter, Geliebte, gib dich mir hin. Ich bin bereit. Jetzt. Tritt ein, in mein Reich. Sieh das Licht, sieh, was dich erwartet und der Kopf hat „Sendepause".

Verschwende nicht einen Gedanken daran, es sollte so oder so sein. Es ist genau richtig, wie es jetzt ist. Lass dich dirigieren, umfangen, berühren, werde weich und strebe deinem Höhepunkt entgegen. Geliebter, Geliebte, du bist meine Essenz, für diesen Moment.
Die Liebe trägt der Fassetten viele, jedes Mal ist es ein anderes Mal. Das Verschmelzen der Leiber, ist immer wieder ein Gipfelpunkt, einzigartig und rein.

halte mich

fest

im Arm

fühle dich

Wärme

kann nicht genug bekommen

von den

Gefühlen

von dir

deine Hände

sanftes Streicheln

mein Rücken

lass sie ziehen

deine Hände

halt nicht inne

bin bereit

liebkose mich

überschütte mich

Küsse

Gesicht

Hals

Blütenregen

über uns

Hände

Brüste berührend

wohliger Schauer

leises Stöhnen

Erwartungen

dein Mund

hat gefunden

wonach er suchte

Lippen

wild und ungestüm

pressen aufeinander

Zungen wirbeln

erkunden

willig

vergeuden keine Zeit

entblättern uns

Schicht um Schicht

liebe mich

wie ich dich

sehe dich an

tief in deine Augen

entblößt

nackt

Schönheit

vollkommen

lass mich fallen

bis hinunter

zum Grund

reiße dich mit

kanns kaum erwarten

vereinte Leiber

alles Sehnen
hat nun ein Ende
Küsse
Feuchte
Leidenschaft
Liebe
ohne Grenzen zu setzen
alle Schranken
offen
nur du und ich

Kein Tropfen gleicht dem andern. Wild und ungestüm sausen sie hinab.
Jeder tropfen in seiner speziellen Form und ihm eigenen Energie.
Sekundenbruchteile... verweilen...hier auf diesem Stein, dort, in
einer engen Schlucht, findet das Wasser seinen Weg.
Im stetigen stakkato kommt es daher, eigens, und nur für diesen
Augenblick, ist die Melodie kreiert.
Und je näher der Abgrund kommt, desto lauter wird sie. Gischt
spritzt, Tropfen lösen sich heraus, der freie Fall ist unausweichlich.
Lauschend sitze ich am Grund. Schließe die Augen und höre die Mu-
sik, zum einmaligen Tanz der Elemente.
Ein Tanz, der niemals endet. Bach, wie ruhig liegt er da, breitet
seine Arme aus, nimmt das herabschießende Wasser willig in sich auf.
Wird er doch genährt, aus dem ewigen Quell, der für ihn unsichtbar
ist.

Sonntag, 01. August 2021

Dieser Brief, diese Zeilen
sind all meinen Ahnen gewidmet,
die mir voraus gegangen sind.
Es spielt keine Rolle, ob dein physischer
Körper hier, an diesem Ort, dem Element
Erde übergeben worden ist.
Ich weiß, tief in meinem Innern, in
meinem Herzen, bist du da, durch
deine Energie, die nie vergehen wird.
Vom Herzen sage ich DANKE.
Ohne dich wäre ich nicht, ohne dich
hätte ich keine Erfahrungen machen können.
Du hast, zu deiner Zeit, alles so gut gemacht,
wie du es konntest. Ich bitte dich, vergib
mir, wenn ich dich durch Gedanken, Worte
und Taten verletzt habe.
Ich vergebe dir, für Gedanken, Worte und
Taten, mit denen du mich verletzt hast.
Du bist ein Teil von mir, wie ich von dir.
Vertrauensvoll und um Hilfe bittend, wende
ich mich an dich, wenn ich dieser bedarf.
Du stehst zu jeder Zeit hinter mir.
In Dankbarkeit und Liebe ...

                                    Rienke

Es bedarf nur eines Lächelns.
Eines Lächelns,
das wahrhaftig daher kommt
und mein Gegenüber ist verzaubert.
Kleine Fältchen,
die sich von den Mundwinkeln hinaufschlängeln,
bis zu den Augen.
Wertschätzung,
jetzt,
in diesem Moment.

eröffnet
der Laden
im Innern
non stopp
Schubladen sind viele
befüllt mit so manchem
erworben erst jetzt
viel ist es
schon alt
aus Tagen der Kindheit
'nem Strauß Blumen gleichend
bunt und gemischt
beherrschen das Jetzt
selten sehr schön
beeinflusstes Sein
jede Sekunde
Fragen
nach Sinn
Sinnhaftigkeit
s'is sinnlos
decks auf
was stört mich daran
bin mutig und laut
sprechs aus
und das offen
ich will das nicht mehr
es kann gar nicht meins sein

ich denke ganz anders
nehms lieblich in Arm
lasse es gehen
ich bin
ja
ich selbst
will's auch immer nur sein
kann denken
Allein
und fühlen
und sehn
und nicht nur
was sein soll
nehm wahr
was jetzt ist
in diesem Moment
s'is das nur
was zählt
sei bei mir
mein Herz
die Türen sperr ich auf
für alles was kommt
die Liebe
das Leben
und Rausch
ist's noch so ernüchternd
Erfahrung

ist's wert
kann niemand mir nehmen
was mir so geschah
ich lächle
sag Danke
und
mehr gibt's nicht zu tun

Denke ich an ein Leben in Bildern, so bin ich im Paradies. Was hält mich davon ab, mich liegend, auf einer Blumenwiese zu sehen? Nichts. Oder doch? Höchstens die Einstellung, alles Spinnerei und Nonsens.

Denkst du so? Fehlt es dir an Kreativität und Vorstellungsvermögen? Oder ist es so, dass du verlernt hast zu träumen?
Ich wage mich auf dieses Terrain. Ich wage es, in bunten Bildern zu denken, mich hineinzuträumen, in eine Welt, voller Wunder. Außerhalb meiner Wahrnehmung und meines Vorstellungsvermögens, wage ich den Schritt aus meiner Mitte, lasse alles zurück, was mich festhalten könnte oder auch hält. Alles Materielle zerfällt zu Asche und Staub, wie auch mein physischer Körper einst zerfallen wird, wenn ich ihn verlassen habe.
Ich bin nicht mein Körper. Er dient mir als Vehikel in diesem Leben. Wie ich auch nicht mein Geist bin. Der Geist ist nützlich, aber sehr begrenzt. Er hält mich in einem engen Käfig der begrenzten Möglichkeiten gefangen. Ich lasse alle Glaubenssätze fallen. Sie sind mir in diesem Moment nicht dienlich, sondern bedienen nur das Ego. Ich höre nicht hin, achte nicht auf den inneren Plapperer. Während ich mich mental auf meine Reise vorbereite, fühle ich, dass ich, frei von Angst und Vorurteilen, eintreten kann, in die Welt, die frei ist, von Begrenztheit, um mich als das wahrzunehmen, was ich in Wahrheit bin. Ein Kind Gottes, ausgestattet mit unendlicher Schöpferkraft. Ich nehme den Raum ein, der mir gebührt. Die unendliche Weite des Universums, die Energie in mir, ein Leuchten, was meine bisherigen Vorstellungen in einem Maße übertrifft, dass mir in diesem Moment die Worte fehlen, es zu beschreiben. Wie ein pulsierender Energie-

ball ist meine Seele in Bewegung, begierig, mir das Ausmaß dessen zu zeigen, was mich erwarten kann. Der kosmische Kanal öffnet sich über mir und ich trete ein, in die Unendlichkeit des Seins, in eine maßlose Lichtsäule.

Ich bewege mich und habe gelernt, in meinen Schuhen zu gehen. Ich bin ausgefüllt und stehe sicher.

Alle Erfahrungen werden mir geliefert durch das, was ich glaube. Glaube ist so mächtig, alles sonnenklar zu sehen oder auch gar nichts. Inwieweit bin ich mir, meines Selbst, bewusst?

Das glaube ich erst wenn ich es sehe, könnte auch umgedreht werden in, das sehe ich erst, wenn ich es glaube.

Wenn ich fest an meinen Selbstwert glaube, werde ich erfahren, wie ich in vielen Situationen helfen kann.

Glaube ich an meine Stärke, sehe ich genau, wenn eine Krise aufzieht. Und wenn ich an die Liebe glaube, wird sie an Orten erscheinen, wo andere gar keine Liebe sehen. Das gilt für jeden, in mir verwurzelten, Glauben.

Sobald ich erkenne, dass mein Leben von meinem Glauben, Sichtweisen, Einstellungen, Bewertungen geleitet wird, kann ich mein Leben verändern, Sichtweisen verändern, Bewertungen sein lassen. Mein Leben kann so an Fahrt aufnehmen, dass ich mich leicht und frei fühlen kann.

Heute ist mein erster Fastentag. Wie ich mich auf die Zeit freue, bewusstes Entsagen. Ich fühle mich beflügelt und beseelt. Eine Woche schon habe ich dem Kaffee entsagt, um den Kopfschmerzen vorzubeugen. Die Kopfschmerzen sind Folge von Entzugserscheinungen, vom Koffein. Mal schauen, wie es wird.

Hoppala, die Waage, auf die wollte ich nun noch klettern. Gedacht, gesagt, getan, 67 kg, ok. Ich grinse in mich hinein. Hat das Gewicht etwas zu sagen? Nein, denn das ist nicht mein erklärtes Ziel, abzunehmen. Mein Ziel ist eher, das Loslassen, Rauslassen, Auskehren, Entgiften. Und der Blick ins Innere, was noch für Themen an die Oberfläche kommen.

Am Tag zuvor, Sharepflaume und Entlastungstage, als guter Einstieg empfehlenswert. Und dass ich morgen an die Ostsee fahre, mit mir allein, wird eine ganz neue Erfahrung werden. Dort kann ich in Ruhe für mich da sein, für mich sorgen.

Es wird nicht nur das Fasten vom Essen sein, sondern auch vom Handy und social Media. Kein Internet, kein WhatsApp oder Facebook, nichts, nix, niente…aus die Maus.

Ich führe ein Tagebuch über den Fastenzeitraum, alles, was mir begegnet, was ich träume, werde ich niederschreiben. Die Träume der letzten zwei Nächte, handelten vom einstigen Gefährten, Koffer packen, Abschied, Gehen, Loslassen, Adieu sagen.

Meinen Hals spüre ich, er schmerzt, am Ende des ersten Fastentages. Ich werde mich beobachten. Allen, meinen sonstigen Gewohnheiten zuwider hatte ich, schon einen Tag vor Abreise, den Koffer gepackt…

Stumm steht sie
da
Hände am Herzen
ihr Atem
geht schwer
es hebt sich die Brust
der Kehlkopf
erbebend
zitternd die Stimme
laut
soll es hinaus
Gefühle
wie Lava
erhitzend
und schnell
glühend heißer Pott
schon lange
ist so voll
Kampf mit den Tränen
sie weiß
es muss raus
Wut
sitzt im Halse
Deckel aus Stahl
wie kann sie's bewegen
das Ding nur
das schwere

greift zu
ohne Furcht
Richtung Boden
da liegt er
der Hebel
fest in Händen
und
drischt maßlos drauf
hinein in die Erde
ein Schrei lässt erbeben
den Deckel aus Stahl
er lockert sich
stetig
das Grölen schwillt an
der Hals schein zu bersten
es schmerzt
nicht nur dort
Handflächen blutig
nun ist es vollbracht
befreite Kehle
lachen folgt drauf
sie kanns wieder fühlen
befreiend
und leicht
die Wut
ließ sie ziehen
dient ihr nun nicht mehr

geheilt
steht sie
da
Tränen
im Fluss
betet gen Himmel
ein Seufzer
aus tiefster Seele
ein Dank

Sehen

fühlen

deine Hand

an meiner Wange

behutsam

sacht

Gefühle

Wärme

breiten sich aus

fluten Körper

eins sein

verbunden

wahrhaftig

leben wir

Schönheit

Lust

auch Zögern

und Angst

ist es wahr

kann ich

fallen

mich lassen

hinein

Abenteuer Leben

unsre Liebe

ich will dich

du mich

nur so

authentisch

mit allem

was dich

und mich ausmacht

ohne Ausnahme

genau jetzt

akzeptiere

lächle dabei

welch Geschenk

du

ich

in Händen halten

uns

Auf manchen Pfaden wandelt es sich leicht. Auf Pfaden, die schon schön eingelaufen sind, extra breit und auf denen mir viele Menschen begegnen. Diejenigen, z.B., mit denen ich meine Opferrolle pflegen kann, mit denen ich alles schön nähren kann, was mir meinen grauen, schweren, muffigen Mantel beschert, die Schwere und Düsternis in mir.

Da liegen keine Steine auf dem Pfad, über die ich stolpern könnte oder stürzen. Aber ab und an kommt eine schlammige Pfütze, eine Suhle, in der ich mich wälzen kann, mein Ungemach pflegen. Am Rand des Pfades steht immer mal wer, der mit seinen Händen zustimmend auf meine Schultern klopft. Es könnte auch mein Ego sein, das sich ständig in alles einmischt und mir sagt, was ich zu tun habe. Mein Ego nährt sich aus meinem Unterbewusstsein, aus allen Erfahrungen, aus meinem Kindlichen, aus der Zeit, als ich aufhörte Kind zu sein, in Farben zu denken.

Es nährt sich aus jener Zeit, als ich lernte, was Regeln und Normen sind, was ich als gut oder schlecht zu bewerten habe. Aus jener Zeit, als ich mich anpasste, um geliebt zu werden, aus jener Zeit, als ich mein Herz verschloss und begann, eine Mauer durum zu errichten, um nicht mehr verletzt zu werden. Es war auch die Zeit, als ich zu erfahren begann, was Emotionen und Gefühle sind.

Jedoch, mit ihnen umzugehen, lernte ich nicht. Mutter, Vater und alle anderen Menschen, in meinem Umfeld, sagten mir, ich dürfe nicht wütend und ängstlich sein, weil es nicht gut ist.

Doch wohin sollte ich mit meinen Gefühlen, der Wut und Angst? Was sollte ich mit ihnen anstellen? Ich konnte es von niemandem lernen. Sie konnten es auch nicht. Auch ihnen hatte es niemand beigebracht. Kannst du dir denken, wohin dieser Pfad uns jetzt führt?
Ich ja, ich bin ihn gegangen, den ausgelatschten Moloch Pfad.

Er führte direkt in einem Sumpf. Ein Sumpf, langsam vor sich hin blubbernd, Blasen werfend. Nebelschwaden waberten breiig über ihm, grau und blei schwer. Sie zogen mich an, imaginäre Hände, lockten mich in Richtung Sumpf. Es nicht besserwissend und schon gar nicht um Hilfe bittend, auch das hatte ich nicht gelernt, wanderte ich weiter.

Wenn du jetzt denken solltest, das geht doch gar nicht antworte ich dir...ohhh doch...

Und ich war nicht allein auf diesem Pfad. Es gab jede Menge Gefährten an meiner Seite, die genauso bereitwillig, wie ich, in Richtung Sumpf gingen. In mir loderte kein Feuer mehr, das Licht, war fast verloschen und Farben, Fehlanzeige. Ich ging langsam, vornübergebeugt und meine Arme schlackerten am Körper. Bei jedem Schritt bewegten sie sich vor und zurück. Wann habe ich mich das letzte Mal wahrgenommen, gefühlt? Ich weiß es nicht. Wenn es eine Hölle auf Erden gab, so war ich in ihr gelandet. Ha, ich habe sie selbst kreiert, mit meinen Gedanken. Und meine Gedankenmuster wurden nach und nach meine gelebte Wahrheit.

Ich sah den Sumpf vor mir, hielt kurz inne und fragte mich, wer schon alles darin gelandet war. Von rechts wurde ich überholt. Ich dachte gerade daran, das kann doch alles nicht wahr sein. Bin ich hier gelandet, weil ich es so wollte? Nur noch wenige Schritte und ich würde im Moloch versinken. Was war nur geschehen? Jemand versetzte mir einen Stoß. Ich sah nicht, woher er kam und es spielte auch keine Rolle. Doch die Intensität des Stoßes, hieb mir meine Füße weg. Ich machte einen Satz nach hinten und landete mit dem Hinterkopf schwungvoll auf einem jener Steine, die vorher nicht da waren, aber über diesen Stein ich gestiegen war.

Ad hoc umgab mich Schwärze, gähnende Leere. Ich spürte nichts mehr. Wie lange ich so dalag, keine Ahnung.

Eine sanfte Berührung meines Gesichts, brachte mich ins Sein zurück. Ich blinzelte, denn es war taghell, Vögel zwitscherten und es roch nach frischem Gras. Ich wagte es nicht, meine Augen vollends zu öffnen, noch zu bewegen.

Sollte das jetzt meine selbst kreierte Hölle auf Erden sein? Etwas ergriff sacht meine Hände. Es waren kleine Hände, weich, warm und zart, jedoch voller Kraft. So kraftvoll, als hätten sie schon einiges an Erfahrungen gesammelt.

Meine Lider waren nun ganz geöffnet. Ich traute meinen Augen nicht. Sehen sie jetzt gerade richtig? Ich schloss meine Lider wieder, um sie erneut zu öffnen. Nein, kein Traum. Über meinem Gesicht ruhte ein kindliches, junges Gesicht. Meine Augen sahen in die Augen meiner Selbst. Ich sah in meine Augen, in die Augen des kleinen Mädchens, das ich einst war. Staunen und ein Laut von Entzücken entglitt meiner Kehle.

Ich sprach zu mir: „Komm, steh auf, nimm meine Hände. Ich möchte dich mitnehmen, auf deine innere Reise. Ich möchte dich daran erinnern, wer du einst warst und ich möchte dir zeigen, wer du werden kannst. Wir beide haben Zeit miteinander. Und du, die Große, kannst mir sagen, wann ich dich wieder nach Hause bringen soll. Hab keine Angst. Ich bin bei dir.

Jedoch eines möchte ich dir noch sagen. Wir werden auf unserer Reise vielen Menschen begegnen, die in deinem Leben einst eine Rolle spielten. Ich freue mich, dass ich dich auf deinem Weg begleiten kann, und ich habe einen Wunsch. Wenn der Zeitpunkt gekommen ist, du wieder nach Hause gehst, lebe aus deinem Herzen heraus. Es wird nicht einfach sein und du benötigst sehr viel Geduld mit dir. Ich weiß, tief in meinem Herzen wohnt die Erkenntnis, dass du es schaffen kannst. Und denke daran, was du heute erleben wirst, ist ein Teil von dir und tief in deinem Herzen verankert.

Liebe ist alles was dein Inneres nährt und unsere Seele, denn wir sind eins."

Hand in Hand machten wir uns auf den Weg. Die Kleine und die Große, zwei Gefährten, mit ein und derselben Seele. Ich schaute mich um, eine große Blumenwiese breitete sich vor mir aus, die Sonne schien und es war herrlich warm. Mir fehlten die Worte, um all die Schönheit zu beschreiben. Ich musste es auch nicht, denn meine Kleine wusste es bereits, was ich dachte. Sie schaute mich an und lächelte. Ein sanfter Händedruck war Bestätigung genug. Wir gingen einen Weg entlang und ich staunte, wie viele Abzweigungen, links und rechts, abgingen. Sie zeigten mir auf, welche Möglichkeiten ich in meinem Leben habe.

Ich kann zu jeder Zeit meine Richtung, den Weg ändern, alte Erfahrungen hinter mir lassen, um mich neuen Aufgaben zu widmen. Die wiederum neuen Erfahrungen, für mich, bereithalten können. Keiner der Wege war dunkel, ausgetreten. Frische Kiesel lagen auf ihnen, einladend. Hinweisschilder säumten den Weg. Ich las eines: „SEI DU SELBST" stand da. Und dort: „VERGEBUNG", „LIEBE", „WACHSTUM".

Ich lächelte und fragte, was das zu bedeuten hätte. Ganz einfach, sagte meine Kleine: „Du darfst dich erinnern, aus welcher Quelle du entstammst. Du darfst dich erinnern, warum du diesen dunklen Weg gegangen bist. Und ich helfe dir, ihn zu verlassen und bin immer bei dir. Du bist die Große, die mir helfen kann, meine Glaubenssätze und Erfahrungen zu verwandeln und mir helfen kann, zu vergeben. Ich, die Kleine, hatte einst Angst und war wütend. All das trägst du immer noch in dir. Du leerst für mich den schweren Rucksack und fühlst alles noch einmal. Mit dem Unterschied, dass du jetzt groß bist und mit deinem Erfahrungsschatz weißt du, wie du mir, der Kleinen helfen kannst. Bist du bereit hinzuschauen? Bist du bereit, den Schmerz zuzulassen, ihn zu fühlen, anzunehmen und zu verwandeln?

Ja... ja... ja...

Ich bin bereit! Komm, ich lade dich ein, mit mir gemeinsam, Hand in Hand, diesen Weg zu gehen, in dem, uns eigenen Tempo, in Liebe..."

Ende...?
Nein, noch nicht ganz.

Gerade dachte ich noch, wann wird es wohl genug der Zeilen sein?
Und siehe da, als ich das letzte Wort, des Textes, geschrieben
hatte ... „Liebe"... wusste ich, dass es nun gut ist.
Mir kullern die Tränen, Tränen der Freude, Tränen der Erleichte-
rung, Tränen des Mutes, meine Gedanken niedergeschrieben zu haben.

Viele liebe Menschen haben mich angespornt und ermutigt. Ich danke
dir, von ganzem Herzen, dafür.

Lieber Henrik, du warst und bist so eine wundervolle Muse für mich.
Durch dich habe ich erfahren was es heißt, wahrhaftig zu sein,
konnte liebenswerte Texte schreiben, die meinem tiefen Inneren entstammen.

Ich danke dir, lieber Günter, fürs Loslassen und dein Verständnis,
dass ich mich selbst auf den Weg machen wollte.

Ich lade dich ein, zwischen den Zeilen zu lesen, das zu lesen, was du
für dich, aus dem Verborgenen zaubern kannst, das Wahre für dich.
Öffne deine Schatztruhe, lass deinen Stern funkeln und berge dein
Licht, das vielleicht noch im Schatten verborgen liegt... Lese zwischen den Zeilen, denn dort verbirgt sich so viel mehr.

...von Herzen, Ulrike